FONTANA

CHARLES BAUDELAIRE

LAS FLORES DEL MAL

TRADUCCIÓN:

ELISA DAPIA

PRÓLOGO Y PRESENTACIÓN:

FRANCESC LLUIS CARDONA,

Doctor en Historia y Catedrático

BookTrade

LAS FLORES DEL MAL, Charles Baudelaire

Prólogo / Presentación: Francesc Lluis Cardona
Traducción: Elisa Dapia
Diseño gráfico / Ilustración portada: Daniel Jurado

Edita: Olmak Trade S.L.
C/ Roca Plana 1
08110 - Montcada i Reixac
Barcelona (España)

www.olmaktrade.com
info@olmaktrade.com

  @O_BookTrade
#ClásicosFontana

Impreso en España / Printed in Spain

I.S.B.N: 978-84-10109-68-1
Depósito Legal: B 10108-2024

Estudio preliminar

Charles Baudelaire: El hombre, su mundo y producción literaria

Nace en París, el 9 de abril de 1821, en plena época de la Restauración. Su padre, Joseph François, era un ex-seminarista que con más de sesenta años engendró al futuro escritor. Tenía un hijo de su primer matrimonio: Claude Alphonse.* Su madre Caroline dio a luz a Baudelaire cuando no había cumplido los treinta.

Seis años después, al morir el viejo Joseph François que de antiguo preceptor había llegado a ser profesor de dibujo (vocación que transmitirá a su hijo) y jefe de despacho de la Cámara de los Pares o del Senado, pasados veinte años de viudez, Caroline se casará en segundas nupcias con el comandante Jacques Aupick, que frisaba los cuarenta. Baudelaire que conservaba de los primeros años de su infancia un grato recuerdo de su padre, sentirá de pronto una animadversión por aquel advenedizo, mientras que éste jamás le mostraría comprensión, ni cariño.

Las tres jornadas gloriosas del 27 al 29 de junio de 1830 obligaron a abdicar al ultraabsolutista monarca Carlos X y substituirlo por Luis Felipe de Orleans. El padrastro de Baudelaire consiguió la graduación de te-

* Que fallecería en 1862 y con quien Baudelaire, desde 1842, prácticamente no tuvo relación.

niente coronel por sus hazañas en la campaña argelina. Su nuevo destino sería Lyon, con la misión de cercenar cualquier algarada.

Nuestro poeta fue internado en el Collège Royal de Lyon, del que guardaría un mal recuerdo. Volvieron a ascender a su padrastro, esta vez a general del Estado Mayor de la 1ª división, lo que hizo regresar a París a la familia. Baudelaire pasó entonces al internado del Liceo Luis-Le-Grand, donde al cabo de dos años (1839) fue expulsado, sin que se sepa todavía el porqué, sin embargo, consiguió aprobar el examen de grado superior.

A pesar de sentir ya una clara vocación por las letras, tras la lectura de Sainte-Beuve, Chenier y Musset, se matriculó en 1840 en la Facultad de Derecho, curiosamente junto con otros poetas como Le Vavasseur y Prarond. Dos años antes, a los diecisiete años, había escrito sus primeros versos, que serían ya característicos.

Poco después, inició su afición a la vida bohemia y a través de una extraña relación con una prostituta de origen hebreo, llamada Sarah, contrajo quizá ya una enfermedad venérea que estaría latente toda su vida. Su círculo de amistades literarias fue ensanchando: Gérard de Nerval, Honoré de Balzac…

Alarmado el consejo familiar por la vida aventurera, lo embarcaron en el paquebote *des Mers du Sud,* que zarpó de Burdeos con destino a Calcuta el 9 de junio de 1841. Este viaje fue interrumpido a mitad de camino por una tempestad, de la que el paquebote salió adelante hacia su meta, no así Baudelaire, que deprimido psicológicamente, regresó desde la isla Reunión en otro barco. La aventura imprimió honda huella en el poeta.

De nuevo en París, se relacionó con Gautier y T. de Bandeville. A los veintiún años, ya mayor de edad, recibió la herencia de su padre y se instaló solo, en un pequeño apartamento junto al Sena. En el escenario de un pequeño teatro del Barrio Latino conoció a Jeanne Duval, actriz mulata de segunda fila, que dejó una profunda huella en su corazón y en su obra.

La vida de dandi y de derroche obligaron a los tribunales a dictar orden de que su padrastro le fuera controlando su herencia, dándole una pequeña cantidad trimestral. Cambió entonces de domicilio y, como necesitaba dinero, comenzó a publicar de forma anónima.

En 1844, asustada su madre por las deudas, consiguió que se nombrara a un asesor judicial como administrador del poeta: Monsieur Ancelle, notario de Neully, completamente ajeno a la literatura, no perdió jamás de vista los intereses de su patrimonio.

En la correspondencia del escritor figuran testimonios, casi diarios, de los sufrimientos que hubo de soportar en el curso de los veintidós años de vida que le quedaban, y durante los cuales, a pesar de la miseria, la enfermedad, las deudas y también el hambre, pudo sin embargo, por «un decreto de las potencias superiores» y contra todo tipo de persecuciones, escribir una obra extraordinaria.

Su primera publicación, firmada Baudelaire-Dufaÿs fue *Salón* (1845), un librito de crítica de arte. Al año siguiente publicó un segundo *Salón.* Paralelamente salieron algunos sonetos, aforismos y consejos a los jóvenes literarios. En 1847 consigue sacar a la luz *La Fanfarlo,* el único cuento publicado por Baudelaire. Entonces conoció a Edgar Allan Poe gracias a una traducción, en francés, de Isabelle

Meunier. La lectura del «escritor maldito» norteamericano le apasionó, hasta el punto de dedicarse durante diecisiete años a dar a conocer en francés toda su producción.

Se relacionó también con Marie Daubrun, la «Bella de los Cabellos de Oro», con quien sostuvo una idílica amistad durante diez años. En febrero de 1848 tuvo lugar en París la Tercera Revolución, que provocó la llegada al poder de la Segunda República francesa, Baudelaire visitó las barricadas con atuendo de dandi y con un modernísimo fusil agitó al pueblo. Su padrastro, huyendo de la quema, aceptó el cargo de embajador en Estambul y marchó con su madre.

En 1849 falleció Poe, de quien Baudelaire se consideró más que su discípulo, su alma gemela. El escritor trabó entonces amistad con el pintor revolucionario Courbet y con su futuro editor, Poulet-Malassis, compañero de barricadas. Se entusiasmó entonces por Wagner y su producción musical. Pronto Luis Napoleón de presidente escalaría en tres años el trono imperial, lo que indignó a Baudelaire.

A finales de 1852 Apollonie Sabatier recibió la primera carta de amor del poeta,* al tiempo que prosiguió la traducción de las obras de Poe. En 1855 se celebró una de las grandes Exposiciones Universales cuyo marco sería la Ciudad Luz, y Baudelaire recibió el encargo de hacer la crítica de los salones de pintura, cosechando con ello un gran éxito. Por fin en 1857, y tras la traducción de las *Historias extraordinarias* y las *Nuevas Historias extraordinarias*

* Cuando ésta accedió a sus pretensiones, en 1857, Baudelaire la rechazó, aunque siguió siendo su amiga.

de Poe, el 25 de junio de 1857 hizo su aparición *Las flores del mal.* Fallecido su padrastro, su madre se instala en una casita que el general poseía en Honfleur. El poeta aumentó entonces su relación epistolar con su madre.

El pudibundo *Le Figaro* no pudo soportar *Las flores del mal* y desató los rayos de la justicia. El tribunal condenó a Baudelaire y a su editor a 300 y 200 francos de multa respectivamente, por ultraje a la moral, y además ordenó la supresión de seis poesías (31 de marzo de 1859, plena época de reacción conservadora del emperador Luis Napoleón o Napoleón III). Sin embargo, a partir de 1911, las composiciones líricas condenadas aparecían en todas las ediciones de la obra.

En 1858 sale a la luz la traducción de las *Aventuras de Arthur Gordon Pym,* novela incompleta de Poe, así como la primera parte de *Los paraísos artificiales* que tituló *El hachís.* Sus ataques crónicos se agudizaron con transtornos nerviosos, cólicos y dolores musculares, las cápsulas de éter y el opio serán ya sus compañeros inseparables. Su empeño se centró entonces en las nuevas *Flores,* cuya segunda edición, completamente retocada, saldría en 1861. Reanudó sus lazos sentimentales con Jeanne Duval, pero pronto ésta hubo de ser hospitalizada.

Intentó entonces rehabilitar su nombre ante la hipócrita sociedad contemporánea, y presentó su propia candidatura a la vacante dejada en la Academia por Lacordaire. Unos, Flaubert y Vigny, defendieron su deseo; otros, como Sainte-Beuve, la consideraron fuera de lugar. Baudelaire tuvo que retirar su candidatura antes del escrutinio.

La Presse incluyó en 1862 los primeros veinte *Primeros poemas en prosa.* Con todos ellos pretendió expresar los ambiguos sentimientos que afloran en el alma del hombre sumido en el vértigo de la gran ciudad, como si fueran auténticos frescos a modo de fotografías, invento tan en boga entonces y del que tanto se valdría su amigo Nadar.

Sin pensárselo dos veces y hastiado por la frialdad de acogida en Francia de sus poemas más audaces, realizó en 1864 un viaje a Bruselas a cubierto de sus acreedores y en donde pensaba tener mayor libertad y éxito de público, pero sus conferencias no tuvieron la resonancia esperada y entonces reunió material para un libelo que titularía *¡Pobre Bélgica!,* que nunca vería la luz.

Nuevas publicaciones de Poe mientras daba forma a *El Spleen de París,* simple agrupación de *Pequeños Poemas en prosa* o *Pequeños poemas licántropos,** y estancias al lado de su anciana madre en Honfleur, siempre amada y torturada, su única alegría y su cotidiano remordimiento.

El 4 de febrero de 1866 se cae durante una visita a la iglesia de Saint-Loup en Namur. Fue el primer ataque de parálisis cerebral, seguido de hemiplejía y pérdida del habla que se produjo en Bruselas. Su madre lo asistió, y tras visitar el hospital de San Juan y Santa Isabel, fue trasladado a París, sin menoscabo de su inteligencia, que permaneció intacta. Ingresado en la clínica del doctor Duval, agonizó allí a lo largo de un año, cuidado con infinita abnegación por su madre y rodeado de sus mejores amigos.

Solicitó y obtuvo con perfecta lucidez los Sacramentos Católicos y falleció el 31 de agosto de 1867, a la edad de 46 años. Fue enterrado en el cementerio de Montparnasse, al lado de su padrastro y en cuyo mausoleo reposaría

---

* Literalmente, poemas de hombres lobo.

también su madre cuatro años después, cuando ya la III República Francesa inauguraba nuevas esperanzas.

Baudelaire es con toda justicia el iniciador de la poesía moderna. En sus obras vertió la experiencia dolorosa de su vida, pero no directamente, como lo habría hecho un lírico puro. La traspuso en sus poemas, muchas veces simbólicos. Es un artista poderoso, impresionable, refinado e inquieto, de gusto decididamente moderno, que mezcló en su inspiración la obsesión de la muerte, la sensualidad y el misticismo.

Estudio especial del estilo poético baudeleriano

Baudelaire es un artista de gran fuerza, pero desigual. Se propuso la perfección; cuando no la logra, cae en lo prosaico; cuando la consigue escribe versos inolvidables, que por su plenitud, su fuerza de emoción y su calidad musical hacen pensar en Racine, más que en Victor Hugo. Baudelaire prefiere la sugestión concentrada al desarrollo oratorio, y el efecto musical al efecto plástico. Los poetas simbolistas como Verlaine, Mallarmé, Moréas, Henri de Régnier… que tomaron de Baudelaire la primera idea de sus teorías, desarrollaron estas dos indicaciones. Le deben el desprecio por la elocuencia y el amor por las armonías complicadas y sutiles.

Sin embargo, queda todavía mucho de romanticismo en sus poesías: la afición a la paradoja, el deseo de asustar a los burgueses, la voluntad de ser y de parecer malsano y un mucho de «caínismo» y de «satanismo» con sus accesorios, engendros monstruosos, vampiros, cadáveres y tumbas. Pero es que además Baudelaire padeció de forma auténtica la obsesión por la muerte, que le tentó por las promesas de destrucción que contiene y, a la vez, le repelía por miedo a las abominaciones que la acompañan. Su espíritu nos recuerda al de los milenaristas o al de los flagelantes del siglo XV.

Pero, en sentido estricto, no es ya un romántico porque se niega a confesarnos directamente sus tristezas y alegrías traspuestas en poemas, unas veces impersonales, otros simbólicos. Anuncia el advenimiento de la Belleza impasible, totalmente escultural, por la que el Arte debe presidirlo todo, incluso la Moral: todo ello nos lleva al Parnaso, morada simbólica de los poetas según la Mitología Clásica.*

Es el primero en romper con los temas estilizados y convencionales. Sacó los suyos del ambiente en donde desarrolló su desgraciada existencia y por ello cantó, sin ennoblecerlos, los espectáculos de la vida cotidiana de París, incluso los más brutales y crudos. El acento de su poesía es de una sensualidad triste, atravesada por súbitos estremecimientos de ideal, o se halla atormentado por un oscuro remordimiento. A pesar de proponerse dejar lastre, no pudo apartarse de la larga tradición cristiana que le provocaba un sentimiento perpetuo de culpa. Esta unión de una sensibilidad pagana y de un misticismo religioso

* Que originaría la Escuela Parnasiana francesa, como reacción contra la lírica intimista romántica. En ella, además de Baudelaire, encontramos a Gautier, Leconte de Lisje y Banville. Recibieron el nombre de parnasianos al agrupar sus versos en una antología llamada El Parnaso Contemporáneo. En ella colaboraron también Heredia, Sully Prudhome, Coppée, Menard, Verlaine, Mallarmé...

es la esencia del Baudeleirismo, al que hay que añadirle un inquietante sentimiento de misterio, que produce un estremecimiento nuevo.

En el universo de Baudelaire conviven la sensualidad más refinada y el suplicio más insoportable, pero que, en última instancia, constituye un mundo de poesía y de magia donde las impresiones del observador priman sobre las realidades observadas, y la percepción casi surrealista o supranaturalista oscurece las leyes de la lógica y los dictado de la moral.

El mundo poético de Baudelaire es el mundo vaporoso del claro de luna, donde se borran las líneas y los contornos y todos los pormenores plásticos de las formas, donde sólo se adivinan tonalidades, claroscuros, colores diluidos, luminosidades difusas, penumbras. El poeta rompe los moldes tradicionales y reniega de los preceptos de la retórica: sólo se rige por la fantasía, siguiendo el ímpetu y el desorden de la inspiración. Su lenguaje tiene una modalidad prodigiosa, de significados indecisos, capaz de traducir los más leves estremecimientos del alma; sustituye las cadencias clásicas con un ritmo flotante, caprichoso, impalpable. Poesía en prosa, pero no prosaica.

El culto por las formas impecables, la perfección rígida de los denominados escritores parnasianos, se convierten en las manos de este mago del simbolismo en los matices más gráciles, furtivos e imprecisos del sentimiento. Por caminos de bruma nos lleva al palacio encantado del ensueño. Como bandadas de aves ligeras se desprenden de sus poemas sugestiones infinitas. Pero a veces tiene también el ritmo firme y la plasticidad vigorosa del verso clásico.

Estudio especial de *Las flores del mal*

La obra más famosa de Charles Baudelaire fue una recopilación de poesías que publicó por primera vez en 1857 con gran escándalo, hasta el punto que fue sometido a proceso. La época se prestaba a ello puesto que eran los días más «luminosos» del Segundo Imperio Francés y Napoleón III se había rodeado, en especial, de cara al interior, de un gobierno de talante conservador, al compás de una clase burguesa que había reafirmado sus prebendas en el ultracatolicismo.

Sociedad hipócrita que se desenvolvía paralela a la victoriana inglesa, en dónde hablar de según que cosas era tabú y mientras las inclusas se llenaban de «niños huérfanos» y muchas jóvenes se morían tras un aborto o un parto no deseado por los padres de aquéllas.

En el contexto de la época, Baudelaire se lo había buscado, con ello no queremos dar la razón al fiscal Pinard y a la sentencia final de trescientos francos que la emperatriz Eugenia de Montijo, redujo a cincuenta. *Las Flores del Mal,* no es un libro inocente, a pesar del tiempo transcurrido y de que en nuestra época estamos «relativamente» acostumbrados (y digo relativamente, porque, por suerte, ni todo lo es, ni por mucho que «nos echen», hemos de admitir que aquello sea bueno), a toda clase de erotismos (cuya temática, dosificada, ha producido piezas de indudable valor) y pornografía barata, (completamente rechazable), lenguaje blasfemo gratuito, salvajismos sin freno y otras «lindezas» por el estilo…

Cuatro años más tarde, el libro volvió a salir a la luz aumentado, y entonces la censura no actuó con la minuciosidad y severidad anterior (recordemos que esto ha sido frecuente, sólo tenemos que reparar en algunos casos de nuestra inmediata época dictatorial). La edición definitiva y póstuma data de 1868, un año después de la muerte del poeta, a los 46 años.

De nada sirvió a Baudelaire adoptar una defensa como antes lo había hecho el Marqués de Sade, exponiendo lo más vil de la sociedad y las prácticas más horribles y obscenas para que la juventud abominara de ellas, ni que finalmente intentara minimizar la falta argumentando que «quizás sí que dos poemas deberían ser prohíbidos…»

La condena fue un hecho y Baudelaire se hundió más en la miseria económica, física y moral en cuyo pozo irreversible se hallaba ya y lo que era peor, el editor fue castigado también con cien francos de multa y el secuestro de toda la obra.

Se reparten en seis libros: «Spleen e ideal», en el que se exprime la nostalgia del poeta. Baudelaire oscila entre sus aspiraciones a la belleza, el arte y el amor, y el sentimiento de su impotencia por dominar sus vicios y pasiones que son los de toda la humanidad que le provocan repugnancia de sí mismo. En medio de su inmundicia, Baudelaire se siente poeta, pero el canto a sus miserias de nada le sirven para despeñarse por el abismo. No hay remisión poque el ser humano ha perdido el Paraíso. Somos seres para la muerte, en medio del *tedium vitae* (del *spleen* o tedio de la vida), predestinación que años más tarde nos lleva a la *Náusea* de Jean Paul Sartre. Cierto que el Paraíso existe, pero nuestra redención es inalcanzable dentro de nuestra propia prisión provocada por nuestra primera gran falta. Pesa más nuestro remordimiento que cualquier tenue llama de esperanza, y nos enfangamos más y más en el lodo mientras intentamos remedios como el dormir, el no estar sin soñar, o el viajar en la imaginación a edenes exóticos en una época en la que los viajes por puro placer, empezaban a ponerse de moda.

En «Cuadros Parisinos», Baudelaire revela la poesía de suburbio. El espectáculo de la gran ciudad le envuelve de bruma y melancolía, a través de diversos personajes más o menos marginados y a diversas horas del día y en variados elementos atmosféricos. Son magníficos cuadros fotográficos que preludian ya el impresionismo.

A continuación, siguen los itinerarios de evasión: «El vino», «Las Flores del Mal», donde recopila espectáculos de miseria, depravación y locura que tuvo ocasión de ver y que resuelve en un grito de «Rebelión», en donde el poeta, de sensibilidad cristiana, aunque permaneció fuera del cristianismo, profiere blasfemias gratuitas. Finalmente, «La Muerte», evocación del viaje sin retorno, única esperanza del desamparado.

Fuera de este primer núcleo publicado, se hallan las famosas poesías censuradas en 1857, en especial, «Lesbos» y «Mujeres Condenadas», por recrearse en una moral «lesbiana» y las nuevas «Flores del Mal», de temática variada.

Las Flores del Mal por la armonía de la alusión y las analogías y por su riqueza estrófica contribuyeron decisivamente a la evolución de la lírica en todo el mundo.

Baudelaire tiene todavía mucho de romanticismo en estas poesías, su afición a la paradoja, el deseo de asustar a los burgueses y de parecer malsano. Su exaltación de Caín y de Satán y su predilección por los engendros, monstruos, vampiros, cadáveres y tumbas, su obsesión por la muerte.

El tema de la muerte le atrae y le repele al mismo tiempo, como en el otoño de la Edad Media sucedía con las danzas macabras o en el barroco de un Valdés Leal el *sie transit gloriae mundi.* Pero la muerte no tiene redención, es sólo gusanos, hedor insoportable. Como *El entierro en Ornans,* de Gustave Courbet, cuadro pintado poco antes de la aparición de *Las Flores del Mal*, a la muerte, le falta la gloria del *Entierro del Señor de Orgaz* de nuestro Greco.

Baudelaire preludia ya el simbolismo y el parnasianismo. Para él, el arte lo ha de presidir todo, incluso la moral. Es simbolista y hermético. Utiliza reiteradamente imágenes de contrastes claro-oscuros que los estudiosos de su obra han denominado *oxímoron* y que se concentran en la expresión oscura claridad que dimana de la luna y del ojo de los gatos, un animal para él obsesivo por lo misterioso y nocturno, y que compara con los de todas las mujeres que le atrajeron. Precursor del simbolismo, Baudelaire es hermético y oscuro.

Baudelaire es hermético por su conocimiento de un texto esotérico, el *Poïmandres,* traducido al francés en el siglo XVI. Eterna lucha del bien y del mal que se desenvuelve sin redención, sino por el aniquilamiento en el vértigo de la nada. Porque el bien y el mal convivirán siempre en un perfecto hermafroditismo sin nada ni nadie que los separe. En el último poema de la primera edición leemos al final: «*¿Cielo, Infierno, qué importa… al fondo de lo ignato para encontrar lo nuevo?*»

Cualquier cosa, en cualquier sitio, mejor que el tedio. Para Baudelaire, el fin del sufrimiento, no es el comienzo de la felicidad, sino la nada, el aniquilamiento y lo absurdo. La flor es el mal, la víctima es también verdugo, y la herida el cuchillo. No hay síntesis hegeliana, la tesis y la antítesis son una misma cosa. La mujer que tanto amó y a la que pudo otorgar a través de ella, un rayo de esperanza, es belleza de Pandora y fuente de todo mal al mismo tiempo con cien mil rostros: cándida, lúbrica, distante, transeúnte, anónima, desconocida, hermana, chiquilla, viejecita, amante o serpiente, santa y mal supremo...

Francesc Lluis Cardona

CHARLES BAUDELAIRE

LAS FLORES DEL MAL

Al lector

La idiotez, el error, el pecado, la codicia,
nuestros espíritus ocupan y desgastan nuestros cuerpos,
y nosotros alimentamos nuestros remordimientos,
igual que a sus parásitos los mendigos nutren.

Nuestras culpas son tercas, nuestros arrepentimientos
[cobardes;
nos hacemos pagar cuanto hemos confesado,
y volvemos alegres al camino fangoso,
creyendo lavar con viles llantos todos nuestros pecados.

En la almohada del mal es Satán Trismegisto
quien largamente mece nuestro encantado espíritu,
y el preciado metal de nuestra voluntad
lo ha evaporado todo este sabio químico.

¡El Diablo es quien maneja los hilos que nos mueven!
Atractivo encontramos en lo más repugnante;
cada día avanzamos un paso hacia el Infierno,
sin horror, a través de tinieblas que apestan.

Igual que un libertino pobre que besa y muerde
el pecho magullado de una vieja ramera,
robamos al pasar un placer clandestino
que exprimimos con fuerza como una naranja seca.

Denso y hormigueante, como un millón de helmintos*
se agita en nuestro cerebro un pueblo de Demonios,
y, cuando respiramos, la Muerte a los pulmones
desciende, río invisible, con apagados gemidos.

Si el estupro, el veneno, el puñal, el incendio,
no han bordado hasta ahora con sus singulares dibujos
el banal cañamazo de nuestros míseros destinos,
es porque ¡ay!, nuestra alma no es lo bastante osada.

Pero entre los chacales, las panteras, los linces,
los monos, los escorpiones, los buitres, las serpientes,
los monstruos chillones, aulladores, gruñones, rastreros,
en la infame casa de fieras de nuestras corrupciones,

¡hay uno más feo, más malvado, más inmundo!
Aunque no gesticule ni lance agudos gritos,
con gusto convertiría a la tierra en un despojo
y de un bostezo el mundo se tragaría;

¡Es el Tedio! —el ojo lleno de involuntario llanto—
sueña con cadalsos mientras fuma su pipa.
¡Tú conoces, lector, a ese monstruo delicado,
—hipócrita lector, —mi semejante, —mi hermano!

* Gusanos.

SPLEEN E IDEAL

I

Bendición

Cuando, por un decreto de las potencias supremas,
el Poeta aparece en este hastiado mundo,
su madre, horrorizada y llena de blasfemias,
alza hacia Dios sus puños, que la acoge apiadado:

—«¡Ah, ojalá hubiera parido un nido de víboras,
antes que tener que alimentar semejante irrisión!
¡Maldita sea la noche de placeres efímeros
en que mi vientre mi expiación concibiera!

¡Puesto que me escogiste entre todas las mujeres
para ser el disgusto de mi triste marido,
y no puedo arrojar a las llamas,
como carta de amor, a este monstruo esmirriado,

yo haré recaer tu odio que me abruma
sobre el agente maldito de tu perversidad,
y retorceré este árbol miserable
que avivar no podrá sus yemas pestilentes!»

Así va tragándose la espuma de su odio,
y, sin imaginar los designios eternos,
ella misma prepara en el fondo de la Gehena*
las piras consagradas a los crímenes maternos.

Mas, bajo la tutela invisible de un Ángel,
el niño desdichado se emborracha de sol,
y en todo lo que bebe y en todo lo que come
encuentra la ambrosía y el néctar rojo.

Juega con el viento, conversa con la nube,
y se embriaga cantando camino de la cruz;
y el Espíritu que le acompaña en su peregrinaje
llora al verle contento cual pájaro del bosque.

Los que él amar desea le observan con recelo,
o bien, envalentonados por su tranquilidad,
buscan a alguien que logre arrancarle un gemido,
y hacen en él la prueba de su ferocidad.

En el pan y en el vino destinados a su boca
entremezclan ceniza con impuros salivazos;
con hipocresía rechazan lo que él toca,
y se acusan de haber puesto sus pies en sus pisadas.

* Del hebreo ge-hinnom (valle de Hinnom). Es una voz bíblica que designa al Infierno.

Su mujer va gritando por las plazas públicas:
«Ya que él me encuentra tan bella y me quiere adorar,
haré el papel de los ídolos antiguos,
y como ellos quiero que me recubran de oro.

¡Y me embriagaré de nardo, incienso y mirra,
de genuflexiones, de viandas y de vinos,
para saber si puedo a una alma que me admira
usurparle, sonriendo, homenajes divinos!

Y, cuando de estas farsas impías yo me aburra,
pondré sobre él mi débil y fuerte mano;
y mis uñas, iguales que las de las arpías,
hasta su corazón sabrán abrirse paso.

Como un pájaro muy joven que tiembla y que palpita,
arrancaré de su pecho ese corazón tan rojo,
y, para que se sacie mi animal favorito,
¡se lo arrojaré al suelo con desdén!»

Al Cielo, donde sus ojos ven un magnífico trono,
el Poeta sereno eleva sus brazos piadosos,
y los vastos destellos de su espíritu lúcido
le ocultan el aspecto de los pueblos furiosos:

—«¡Bendito seas, Dios mío, que das el sufrimiento
como un divino remedio a nuestras impurezas
y como la mejor y la más pura esencia
que prepara a los fuertes para los santos deleites!

Yo sé que Tú reservas un lugar al Poeta
en las filas bienaventuradas de las santas Legiones,
y que le convidas a la eterna fiesta
de los Tronos, las Virtudes y las Dominaciones.

Yo sé que el dolor es la única nobleza
donde la tierra y los infiernos jamás harán mella,
y que para trenzar mi mística corona
es necesario contar con los universos y los tiempos.

Mas las joyas perdidas de la antigua Palmira,*
los metales desconocidos, las perlas del mar,
montados por tu mano, no serían bastantes
para esta bella diadema deslumbrante y clara;

¡pues no estará hecha más que de pura luz,
tomada del hogar santo de los primeros rayos,
y del cual los ojos mortales, en todo su esplendor,
no son sino que oscurecidos y lastimeros espejos!»

* Antigua ciudad de Siria, fundada hacia el milenio -II con el nombre de Tadmor, incorporada al imperio romano (s. -I), monopolizó el comercio caravanero de Oriente.

II
El albatros

A menudo, por divertirse, los marineros
cogen albatros, grandes pájaros de los mares,
que siguen, como indolentes compañeros de ruta,
al navío que se desliza por los amargos abismos.

Apenas los han colocado en cubierta,
estos reyes del cielo, torpes y avergonzados,
dejan tristemente sus grandes alas blancas
colgando como remos en sus costados.

¡Este alado viajero qué torpe y débil es!
¡Hace poco tan bello, qué cómico y qué feo!
Uno le provoca golpeándole con una pipa en el pico,
otro imita, cojeando, al desgraciado que volaba.

El Poeta es igual al príncipe de las nubes
que vence la tempestad y se ríe del arquero;
desterrado en la tierra en medio de abucheos,
sus alas de gigante le impiden caminar.

III

Elevación

Por encima de los estanques, por encima de los valles,
los montes, los bosques, las nubes y los mares,
más allá del sol, más allá de los éteres,
más allá de los confines de estrelladas esferas,

espíritu mío, te mueves ágilmente,
y, como un buen nadador que atraviesa las olas,
alegremente surcas la inmensidad profunda
con un gozo indecible y viril.

Vuela bien lejos de estos reacios miasmas;
vete a purificar en el aire superior,
y bebe, como un puro y divino licor,
el fuego transparente que llena los limpios espacios.

Detrás de los hastíos y los vastos pesares
que agobian con su peso la nebulosa existencia,
dichoso aquél que puede con alas vigorosas
llegar hasta los campos luminosos y serenos;

¡Aquél cuyos pensamientos, como las alondras,
al cielo, en la mañana, su vuelo libre emprende,
—quien se cierne sobre la vida y sin esfuerzo comprende
el lenguaje de las flores y de las cosas mudas!

IV

Correspondencias

La Naturaleza es un templo de pilares vivientes
que dejan salir algunas veces confusas palabras;
el hombre la atraviesa a través de bosques de símbolos
que le contemplan con miradas familiares.

Igual que largos ecos de lejos confundidos
en una tenebrosa y profunda unidad,
vasta como la noche y como la claridad,
se responden los perfumes, los colores y los sonidos.

Hay perfumes tan frescos como carnes de niños,
dulces como los oboes, verdes como las praderas,
—y otros corrompidos, ricos y triunfantes,

que tienen la expansión de cosas infinitas,
como el ámbar, el almizcle, el benjuí y el incienso,
que cantan los transportes del espíritu y los sentidos.

V

Amo el recuerdo de esas edades desnudas,
en que Febo* gozaba dorando las estatuas.
Entonces el hombre y la mujer en toda agilidad
gozaban sin mentiras ni ansiedad,
y, con el cielo amoroso acariciándoles la espalda,
ejercitaban la salud de su noble maquinaria.
Entonces Cibeles,** fértil en dones generosos,
no sentía el peso de sus hijos demasiado oneroso,
mas, loba de corazón lleno de ternuras vulgares,
al universo con sus ubres oscuras amamantaba.
El hombre, elegante, robusto y fuerte, tenía el derecho
de enorgullecerse de las bellezas que le declaraban su rey;
frutos puros de ultrajes y vírgenes de grietas,
¡cuya carne tersa y dura llamaba a ser mordida!

Hoy el Poeta, cuando intenta recordar
estas grandezas originarias, en donde contemplar
la desnudez del hombre y la de la mujer,
siente que un frío tenebroso le envuelve el alma
ante este negro cuadro repleto de terror.
¡Oh, monstruosidades llorando su ropa!
¡Oh, ridículos troncos! ¡Torsos dignos de máscaras!
¡Oh, pobres cuerpos torcidos, enjutos, gordos o fofos!
¡que el dios de lo útil, implacable y sereno,
desde niños, envolvió en pañales de bronce!

---

* Sobrenombre romano del dios Apolo. En lenguaje poético equivale al Sol.
** Gran diosa madre frigiocapadocia. Los griegos la identificaron con Rea, Gea y Deméter y los romanos con Ceres y Maya.

¡Y vosotras, mujeres, ¡ay!, pálidas como cirios,
que roe y que alimenta el libertinaje, y vosotras, vírgenes,
del vicio materno arrastrando la herencia
y todas las fealdades de la fecundidad!

Tenemos, es cierto, naciones corrompidas,
bellezas por los pueblos antiguos no sabidas:
rostros roídos por llagas del corazón,
y lo que cabría llamar lánguidas bellezas;
mas estas innovaciones de nuestras musas tardías
no impedirán nunca a las razas enfermas
que a la juventud rindan profundo homenaje,
—¡A la santa juventud, al aire simple, a la dulce frente,
a la mirada limpia y clara como el agua que corre,
y que va esparciendo sobre todo, despreocupada
como el azul del cielo, los pájaros y las flores,
sus perfumes, sus cantos y sus dulces colores!

VI

Los faros

Rubens, río de olvido, jardín de la pereza,
almohada de carne fresca donde amar no se puede,
pero donde la vida afluye y sin cesar se agita,
como el aire en el cielo y el mar en el mar;

Leonardo da Vinci, profundo espejo sombrío,
donde ángeles encantados, con una dulce sonrisa
cargada totalmente de misterio, surgen en la sombra
de los glaciares y pinos que cierran su país;

Rembrandt, triste hospital repleto de murmullos,
y tan sólo decorado por un gran crucifijo,
donde la oración entre llantos sale de la suciedad
y es atravesado bruscamente por un rayo de invierno;

Miguel Ángel, espacio vago donde se ven los Hércules
mezclarse con los Cristos, y se levantan rectos
fantasmas poderosos que en los crepúsculos
desgarran el sudario alargando los dedos;

iras de luchador, impudicias de fauno,
tú que supiste ver la belleza de los bribones,
corazón grande henchido de orgullo, hombre débil y amarillo,
Puget,* melancólico señor de los forzados;

---

* Pierre Puget (1620-1694). Escultor, arquitecto y pintor francés, discípulo de Pedro Cortona en Roma, que mencionó el sobrenombre de *el Miguel Ángel Provenzal.*

Watteau, ese carnaval donde muchos corazones ilustres,
como mariposas, vagan centelleantes,
decorados frescos y ligeros iluminados por arañas
que derraman la locura de ese baile remolinante;

Goya, las pesadilla de las cosas desconocidas,
fetos que se cocinan en medio de los aquelarres,
viejas frente al espejo y niñas todas desnudas,
para tentar a los demonios ajustándose las medias;

Delacroix, el sangriento lago de ángeles malos,
a la sombra de un bosque de abetos siempre verde,
donde, bajo un cielo triste, extrañas charangas
pasan, cual sollozos apagado de Weber;

estas maldiciones, estas blasfemias, estas quejas,
estos éxtasis, estos gritos, estos llantos, estos *Te Deum,*
son un eco por mil laberintos repetidos;
¡es para los corazones mortales un opio divino!

¡Es un grito por mil centinelas repetidos,
una orden propagada por mil portavoces;
es un faro que alumbra sobre mil ciudadelas,
un grito de cazadores perdidos en los grandes bosques!

¡Pues, es verdad, Señor, el mejor testimonio
que pudiéramos dar de nuestra dignidad,
es este ardiente sollozo que de siglo en siglo rueda
y viene a morir al borde de vuestra eternidad!

VII

La musa enferma

Mi pobre Musa, ¡ay!, ¿qué tienes esta mañana?
Las visiones nocturnas tus ojos hundidos pueblan,
y veo alternativamente aparecer en tu tez
la locura y el horror, fríos y taciturnos.

¿El súcubo* verdoso y el duendecillo rosado
¿te han vertido el miedo y el amor de sus urnas?
¿La pesadilla, con puño despótico y travieso,
te ha hundido en lo profundo de un fabuloso Minturno?**

Quisiera que exhalando el olor de la salud
tu pecho de fuertes pensamientos fuese siempre frecuentado,
y que tu sangre cristiana fluyera en oleadas rítmicas

cual sonidos melodiosos de sílabas antiguas,
donde reinan alternativamente el padre de los cantos,
Febo, y el gran Pan, el señor de las cosechas.

---

* Diablo en forma femenina para seducir al hombre.

** Ciudad italiana, en la actual provincia de Caserta, caracterizada por la existencia de pantanos en su entorno.

VIII

La musa venal

¡Oh, Musa de mi corazón, amante de palacios!
¿tendrás, cuando enero deje escapar a sus Bóreas,*
durante los negros tedios de las nevadas noches,
un tizón que caliente tus pies amoratados?

¿Reanimarás, así, tus hombros como mármoles
de los rayos nocturnos que cruzan los postigos?
Al sentir tu bolsa seca al igual que tu paladar,
¿recogerás el oro de las azules bóvedas?

Para ganarte el pan de cada día, debes,
como un monaguillo, mover el incensario,
cantar los *Te Deum* en los que apenas crees,
o, saltimbanqui en ayunas, mostrar tus atractivos
y tu risa bañada en lágrimas que no se ven,
para que el vulgo pueda reírse a carcajadas.

---

* Nombre que los griegos dieron al viento frío, procedente del norte.

IX

EL MAL MONJE

Sobre los grandes muros de los antiguos claustros
se mostraba en cuadros la santa Verdad,
cuyo efecto, exaltados los espíritus puros
combatían el frío de su austeridad.

Y entonces, cuando florecían las semillas de Cristo,
más de un ilustre fraile, hoy poco citado,
tomando por taller el campo de la muerte,
glorificaba a la Muerte con simplicidad.

—Mi alma es una tumba que, mal cenobita,
desde la eternidad recorro y habito;
nada embellece los muros de este odioso claustro.

¡Oh, monje holgazán!, ¿cuándo sabré hacer
del espectáculo viviente de mi triste miseria
la labor de mis manos y el amor de mis ojos?

X
El enemigo

Mi juventud fue sólo una tenebrosa tormenta,
surcada aquí y allá por luminosos soles;
el rayo y la lluvia han causado tal estrago
que en mi jardín quedan apenas frutos rojos.

He aquí que ya ha llegado el otoño de las ideas,
y que es menester usar la pala y los rastrillos
para reunir de nuevo las tierras inundadas,
donde el agua abre surcos tan grandes como tumbas.

¿Y quién sabe si las nuevas flores con las que sueño
encontrarán en este suelo empapado como un arenal
el alimento místico que les daría vigor?

—¡Oh, dolor!, ¡oh, dolor! El Tiempo se come la vida,*
y el oscuro Enemigo que el corazón nos roe
crece y se fortifica con la sangre perdida.

* Hijo de Eolo y fundador de Corinto. Condenado en los infiernos a hacer rodar hacia la cima de un monte un peñasco, que luego volvía a rodar hacia abajo.

XI

La mala suerte

¡Para cargar un peso tan pesado,
dame, Sísifo, tu coraje!
que aun cuando lucho con vigor
el Arte es largo y el Tiempo es corto.

Lejos de los sepulcros célebres
hacia un cementerio abandonado,
mi corazón, como un tambor fatal,
va redoblando en marchas fúnebres.

—Más de una joya duerme escondida
en las tinieblas y el olvido,
muy lejos de picos y de sondas;

más de una flor derrama a pesar suyo
su aroma dulce como un secreto
en las profundas soledades.

XII

La vida anterior

He habitado largo tiempo bajo pórticos altos
que los soles marinos teñían de mil fuegos,
y cuyos enormes pilares, rectos y majestuosos,
se asemejaban, por la tarde, a las grutas de basalto.

Las olas, al balancear las célebres imágenes,
mezclaban de una forma solemne y religiosa
los potentes acordes de su rica música
con los colores del ocaso reflejado por mis ojos.

Y yo vivía allí en calmas serenas
en medio del cielo, de las olas, de los esplendores
y de esclavos desnudos impregnados de olores,

que me refrigeraban la frente con palmas,
y cuya única preocupación era hacer más profundo
el secreto dolor que me hacía languidecer.

XIII

Gitanos en marcha

La profética tribu de pupilas ardientes
ayer se puso en marcha, llevando a sus pequeños
a la espalda, o aplacando a sus apetitos feroces
el tesoro siempre dispuesto de sus senos colgantes.

Los hombres van a pie con sus armas relucientes,
al lado de los carros donde los suyos están acurrucados,
paseando por el cielo los ojos doloridos
por el sombrío pesar de quimeras ausentes.

Desde el fondo de su cueva arenosa, el grillo,
mirándoles pasar, redobla su canto;
Cibeles, que les ama, aumenta sus ternuras,

hace manar la roca y el desierto florecer
ante sus viajeros, para los que está abierto
el imperio familiar de las sombras futuras.

XIV

El hombre y el mar

¡Hombre libre, siempre adorarás el mar!
El mar es tu espejo; miras la imagen de ti mismo
en el desarrollo sin cesar de su oleaje,
y tu espíritu no es menos amargo que tu abismo.

Gozas hundiendo en su seno tu imagen;
le abrazas con los ojos y los brazos, y tu corazón
se distrae muchas veces de su propio rumor
con el ruido de su gemido indomable y salvaje.

Ambos sois tenebrosos y discretos:
Hombre, nadie vio el fondo de tus abismos,
¡oh, mar, nadie conoce tus íntimas riquezas,
tan celosos sois de guardar vuestros secretos!

Y, no obstante, durante siglos innumerables
seguís el combate sin piedad ni remordimiento,
de tal manera adoráis la matanza y la muerte,
¡oh, eternos luchadores; oh, hermanos implacables!

XV
Don Juan en los Infiernos

Cuando bajó Don Juan al subterráneo abismo,
y después que hubo pagado su óbolo a Caronte,*
un sombrío mendigo, valiente como Antístenes,**
con brazos vengadores y fuertes agarró cada remo.

Enseñando sus senos colgantes y sus ropas abiertas,
las mujeres se retorcían bajo el negro cielo,
y, como un gran rebaño de víctimas sacrificadas,
arrastraban tras él un largo clamoreo.
Riendo Sganarel*** le demanda su sueldo,
mientras Don Luis con dedo tembloroso
enseñaba a todos los difuntos errantes por la ribera
el hijo audaz que deshonró sus canas.

Temblorosa bajo su luto, la casta y flaca Elvira,
cerca del esposo pérfido y que fue su amante,
parecía reclamarle una suprema sonrisa
que evocase la dulzura de su primer juramento.

Erguido en su armadura, un gran hombre de piedra
sujetaba el timón y cortaba el agua oscura;
pero el tranquilo héroe, apoyado en su espada,
miraba la estela sin dignarse ver nada.

---

* Barquero del Estigio, encargado de pasar con su barca a los muertos a través del río que rodeaba el Infierno, éstos debían pagar su pasaje.
** Filósofo ateniense, fundador de la escuela cínica.
*** Personaje de molière, criado de don Juan, en «Don Juan o el festín de piedra». En la escena final muere el protagonista, lo que a todos alegra, menos al criado, que no cobrará su suelo.

XVI

Castigo del orgullo

En los tiempos gloriosos en que la Teología
floreció con más savia y energía,
cuentan que un día uno de los más eminentes doctores
—tras haber forzado los corazones indiferentes;
de haberles liberado de sus negras profundidades;
después de haber franqueado hacia las glorias celestiales
singulares caminos desconocidos incluso para él,
adonde solamente Espíritus puros habían llegado—
como un hombre encaramado demasiado alto, preso de
[pánico,
exclamó, poseído por un orgullo satánico:
«¡Jesús, pobre Jesús!, ¡bien alto te he subido!,
pero, si hubiera querido atacarte en tu punto débil,
tu vergüenza igualaría tu gloria,
y tú serías como un feto irrisorio!»

Inmediatamente su razón se ofuscó.
y la luz de ese sol se cubrió con un velo;
el caos absoluto pobló esa inteligencia,
antaño templo vivo, lleno de orden y opulencia,
bajo cuyos techos tanta pompa brilló.
El silencio y la noche se instalaron en él,
como en un sótano cuya llave se ha perdido.
Y después parecido a los animales callejeros,
y, cuando iba sin ver nada, a través
de los campos, y confundía los veranos y los inviernos,
sucio, inútil y horrible como una cosa usada,
servía de diversión y de burla a los niños.

XVII

La belleza

Soy bella, oh mortales, como un sueño de piedra,
y mi seno, en el que unos y otros se nutrieron,
fue hecho para inspirar al poeta un amor
eterno y mudo igual que la materia.

Yo reino en el cielo como una esfinge incomprendida;
un corazón de nieve uno al blancor de los cisnes;
odio el movimiento que se sale de sus límites,
y jamás lloro ni jamás río.
Los poetas, ante mis gestos triunfantes,
que parecen tomadas de los mejores monumentos,
dedicarán sus días a austeros estudios;

pues tengo, para fascinar a estos dóciles amantes,
puros espejos que hacen todo más bello:
¡mis ojos, mis profundos ojos de eternas claridades!

XVIII

El ideal

No serán nunca esas beldades de los grabados,
productos averiados, nacidos de un siglo golfo,
esos pies con borceguíes, esos dedos con castañuelas,
quienes sabrán deleitar un corazón como el mío.

Dejo a Gavarni,* poeta de las clorosis,
su rebaño susurrante de bellezas de hospital,
pues no puedo encontrar entre esas blancas rosas
una flor que se parezca a mi rojo ideal.

Lo que necesita un corazón profundo como un abismo,
¡sois vos, lady Macbeth,** alma fuerte en el crimen,
sueño de Esquilo, abierto a climas boreales;

o bien tú, gran Noche, hija de Miguel Ángel,
que retuerces apacible en una actitud extraña
tus encantos forzados por bocas de Titanes!

---

* Dibujante francés al que Baudelaire detestaba, creador de figurines para el Carnaval y pintor de los contrastes entre el lujo y la pobreza de la vida de París.

** Personaje de Shakespeare, modelo de mujer ambiciosa que no retrocede ante el crimen.

XIX
La giganta

Cuando la Naturaleza con su poderosa inspiración
concebía a diario hijos monstruosos,
quisiera haber vivido junto a una joven giganta,
como un gato voluptuoso a los pies de una reina.

Yo hubiera deseado ver cómo su cuerpo y su alma florecía
y crecer libre entre sus terribles juegos;
adivinar si su corazón albergaba una sombría llama
en las húmedas nieblas que flotarían en sus ojos;

recorrer a mi gusto sus formas prodigiosas
trepar por la ladera de sus altas rodillas,
y a veces, en verano, bajo los soles malsanos,

fatigada, la hicieran tumbarse en medio de los campos,
dormir a pierna suelta a la sombra de sus senos,
cual una aldea apacible al pie de una montaña.

XX

La máscara

Estatua alegórica al gusto del Renacimiento.

A Ernest Christophe, escultor

Contemplemos este tesoro de gracias florentinas;
en la ondulación de este cuerpo musculoso
la Elegancia y la Fuerza abundan, hermanas divinas.
Esta mujer, fragmento realmente prodigioso,
notablemente robusta, gloriosamente fina,
está hecha para triunfar en lechos suntuosos,
y hacer gratos los ocios de un pontífice o un príncipe.

—Mira, además, esa sonrisa fina y voluptuosa
donde la Fatuidad su éxtasis pasea;
esa larga mirada socarrona, lánguida y burlona;
esa faz graciosa, rodeada de gasa,
en la que cada trazo nos dice con un aire triunfante:
«¡La voluntad me llama y el Amor me corona!»
A este ser dotado de tanta majestad
¡mira qué encanto excitante la gentileza da!
Acerquémonos y en torno a su beldad giremos.

¡Oh, blasfemia del arte! ¡Oh, sorpresa fatal!
La mujer de cuerpo divino, que promete la dicha,
¡por arriba en un monstruo bicéfalo termina!

—¡Mas no! Es sólo una máscara, un engañoso decorado,
este rostro alumbrado por un gesto exquisito,
y, mira, he aquí, atrozmente crispada,

la verdadera cabeza, y la sincera cara
escondida al abrigo de la cara que miente.
¡Pobre gran belleza! El magnífico río
de tus llantos viene a parar a mi corazón preocupado,
¡tu mentira me embriaga, y mi alma me abreva
en los raudales que el Dolor hace brotar de tus ojos!

Mas ¿por qué llora? Ella, hermosura perfecta
que pondría a sus pies al género humano vencido,
¿qué extraño mal oculta su figura de atleta?

—¡Ella llora, insensato, porque ha vivido!
¡y porque vive! Pero lo que deplora
más, lo que le hace estremecerse hasta las rodillas,
es que mañana, ¡ay!, ¡habrá de vivir también!;
mañana, pasado y siempre! —¡Como todos!

XXI
Himno a la Belleza

¿Vienes del cielo profundo o del abismo surges,
oh, Belleza? Tu mirada, infernal y divina,
confusamente vierte la buena acción y el crimen,
por lo que te podemos comparar con el vino.

Contienes en tus ojos el poniente y la aurora;
derramas perfumes como una noche de tormenta,
tus besos son un filtro y un ánfora tu boca
que hace cobarde al héroe y valiente al niño.

¿Sales del negro abismo o bajas de los astros?
El Destino hechizado sigue tus enaguas como un perro;
siembras al azar la dicha y los desastres,
y todo lo gobiernas sin responder a nada.
Marchas sobre los muertos, Belleza, y de ellos te burlas;
de tus joyas el Horror no es la menos preciada,
y el Crimen, entre tus más queridos amuletos,
sobre tu vientre altivo danza amorosamente.

La efímera candela hacia ti va atraída,
crepita, arde y dice: ¡Bendigamos esta llama!
El amante jadeando inclinado sobre su bella
es como un moribundo acariciando su tumba.

¿Qué importa que tú vengas del cielo o del infierno,
¡oh Belleza! ¡Monstruo enorme, espantoso e ingenuo!
Si tus ojos, tu sonrisa, tus pies, me abren la puerta
de un Infinito amado que nunca he conocido?

De Satán o de Dios, ¿qué importa? Ángel o Sirena,
¿qué importa, si tú haces —hada de ojos de terciopelo,
ritmo, perfume y luz, ¡oh mi única reina!—
menos horrible el mundo y más cortos los instantes?

XXII

Perfume exótico

Cuando, con los ojos cerrados, en una tarde otoñal,
respiro el olor de tu seno ardoroso,
desplegarse contemplo riberas felices
a las que deslumbran los fuegos de un sol monótono;

una isla perezosa donde la Naturaleza da
árboles singulares y frutos sabrosos;
hombres de cuerpos delgados y vigorosos,
y mujeres cuyos ojos por su franqueza asombran.
Llevado por tu aroma hacia encantadores climas,
veo un puerto repleto de velas y de mástiles
todavía cansados por las olas del mar,

en tanto que el perfume de verdes tamarindos,
que se esparce en el aire e impregnan mi nariz,
se mezcla en mi alma con el canto de los marineros.

XXIII

La cabellera

¡Oh, vellón, que cae encrespada sobre la espalda!
¡Oh, bucles! ¡Oh, perfume cargado de indolencia!
¡Éxtasis! Para poblar esta noche la oscura alcoba
con los recuerdos dormidos en esta cabellera,
¡yo la quiero agitar en el aire como un pañuelo!

La languidez de Asia y la ardiente África,
todo un mundo lejano, ausente, casi muerto,
vive en tus profundidades, ¡selva aromática!
Como otros espíritus bogan por la música,
el mío, ¡oh, mi amor!, por tu perfume nada.

Iré allí donde el árbol y el hombre, llenos de savia,
desfallecen mucho tiempo bajo los climas ardientes;
fuertes trenzas, ¡sed el oleaje que me lleve!
Tienes, mar de ébano, un sueño deslumbrante
de velas, de remeros, de gallardetes y de mástiles:

Un puerto rumoroso donde mi alma puede beber
a grandes sorbos el perfume, el sonido y el color;
donde los navíos, que se deslizan en el oro y el moaré,
abren sus vastos brazos para abrazar la gloria
de un cielo puro donde vibra el eterno calor.

Hundiré mi cabeza de embriaguez amorosa
en este negro océano donde está el otro encerrado;
y mi espíritu sutil que el vaivén acaricia
sabrá volver a encontrar, oh fecunda pereza,
¡los infinitos balanceos del ocio embalsamado!

Cabellos azules, pabellón de tinieblas extendidas,
me devolvéis el azul del cielo inmenso y curvo;
en los bordes suaves de vuestros mechones rizados
me embriago con ardor con las esencias fundidas
del aceite de coco, del almizcle y la brea.

¡Largo tiempo!, ¡siempre!, mi mano en espesa melena
sembrará el rubí, la perla y el zafiro,
¡para que a mi deseo no seas nunca sorda!
¿No eres el oasis en que sueño, y la calabaza
donde sorbo a grandes tragos el vino del recuerdo?

XXIV

Te adoro de igual modo que a la bóveda nocturna,
oh vaso de tristeza, oh inmensa taciturna,
y tanto más te amo, bella, cuanto tú más me huyes,
y cuanto más me pareces, ornato de mis noches,
agrandar con mayor ironía las leguas
que separan mis brazos de las inmensidades azules.
Me lanzo al ataque, y escalo al asalto,
como contra un cadáver un coro de gusanos,
y quiero, ¡oh bestia implacable y odiosa!,
¡hasta esa frialdad que le hace más hermosa!

XXV

¡El universo meterías entero en tu callejuela,
mujer impura! El tedio hace tu alma perversa.
Para ejercitar tus dientes en juego singular,
te hace falta cada día en tu pesebre un corazón.
Tus ojos iluminados al igual que las tiendas
y que las luminarias resplandecientes de las fiestas públicas,
brillan con la insolencia de un poder prestado,
sin conocer nunca la ley de su belleza.

¡Máquina ciega y sorda, en crueldades fecunda!,
saludable instrumento, bebedor de la sangre del mundo,
¿cómo no te sonrojas y cómo no has visto
palidecer tus atractivos delante de todos los espejos?
La grandeza de este mal en el que te crees sabia
¿no te ha hecho aluna vez retroceder de espanto,
cuando la naturaleza, grande en sus planes ocultos,
se sirve de ti, oh mujer, oh reina de los pecados,
—de ti, vil animal—, para un genio crear?

¡Oh, enlodada grandeza!, ¡Oh, ignominia sublime!

XXVI

Sed non satiata*

Rara deidad, negra como la noche,
de aroma mezcla de almizcle y de tabaco,
producto de un oscuro Fausto de la sabana,
bruja con costados de ébano, criatura de las negras
[medianoches.

Prefiero al constance,** al opio y al nuits***
el licor de tu boca donde el amor se ufana;
cuando parten hacia ti mis deseos en caravana,
tus ojos son la acequia donde beben mi hastío.

Por esos dos grandes ojos negros, troneras de tu alma,
¡oh, demonio sin piedad!, viérteme menos fuego,
no soy el Estigio para abrazarte nueve veces,

¡ay!, no puedo, Megeras**** lasciva,
para quebrantar tu valor y estrecharte,
en tu lecho infernal hacerme Proserpina.*****

---

* Título tomado de un verso de juvenal: «Et lassata viris sed non satiata recessit». (Y se retiró, cansada de los hombres, pero no saciada).
** Vino de África del Sur.
*** Vino de Borgoña.
**** Una de las tres Furias de la mitología griega, junto a Alecto y Tisifone.
***** Esposa de Plutón.

XXVII

Con sus vestidos ondulantes y nacarados,
hasta cuando camina se creería que danza,
como esas largas serpientes que los juglares sagrados
en el extremo de sus bastones agitan con cadencia.

Como la arena triste y el azul de los desiertos,
insensibles los dos al sufrimiento humano,
como las largas redes de las olas marinas,
ella se desenvuelve con indiferencia.

Sus ojos bruñidos están hechos de minerales
[encantadores,
y en esta naturaleza extraña y simbólica,
donde el ángel virgen se mezcla con la antigua esfinge,

donde todo no es sino oro, acero, luz y diamantes,
eternamente brilla, como un astro inútil,
la fría majestad de la hembra infecunda.

XXVIII

La serpiente que danza

¡Cómo me gusta ver, querida indolente, de tu cuerpo tan bello,
como una tela vacilante, resplandecer la piel!

Sobre tu profunda cabellera de acres perfumes,
mar oloroso y vagabundo de olas azules y oscuras,
como un navío al que desvela al viento de la mañana,
mi alma soñadora se prepara para partir hacia un cielo lejano.

Tus ojos, donde nada se revela ni dulce ni de amargo,
son dos joyas frías donde se mezcla el oro con el hierro.

Al verte caminar con cadencia, bella en tu abandono,
pareces una serpiente que danza en el extremo de un bastón.

Bajo el fardo de tu pereza tu infantil cabeza
se balancea con la blandura de un joven elefante,
y tu cuerpo se inclina y se estira cual un fino navío
que oscila a un lado y otro y sumerge sus vergas en el agua.

Como una ola aumentada por el deshielo de glaciares rugientes,
cuando el agua de tu boca sube al borde de tus dientes,
creo beber un vino de Bohemia, amargo y fuerte,
¡un cielo líquido que siembra estrellas en mi corazón!

XXIX

Una carroña

Recuerda el objeto que vimos, alma mía,
esa dulce mañana de verano tan dulce:
al torcer un sendero una carroña infame
en un lecho sembrado de guijarros,

con las piernas al aire, cual lúbrica mujer,
ardiente y sudando los venenos,
entreabría de un modo negligente y cínico
su vientre lleno de exhalaciones.

El sol iluminaba esa podredumbre,
como para cocerla en su punto,
y devolver el céntuplo a la gran Naturaleza
todo lo que en su momento había unido;

y el cielo miraba el soberbio esqueleto
como flor que se abre.
Tan fuerte era el hedor, que tú en la hierba
creíste desmayarte.

Las moscas zumbaban sobre este vientre pútrido,
del cual salían negros batallones
de larvas que fluían como un líquido denso
por aquellos vivientes andrajos.

Todo ello descendía y subía como una ola,
o se lanzaba chispeante;

se hubiera dicho que el cuerpo, de un vago soplo hinchado.
multiplicándose vivía.

Y este mundo producía una música extraña
como el agua corriente y el viento,
o el grano que un ahechador en continuo ritmo
agita y voltea con su criba.

Se borraban las formas y no eran más que un sueño,
un esbozo lento en llegar,
en la tela olvidada, y que el artista acaba
sólo por el recuerdo.
Detrás de las rocas una perra excitada
nos miraba con ojos irritados,
acabando el momento de recuperar en el esqueleto
el pedazo que había dejado.

—¡Y, sin embargo, tú serás igual que esta carroña,
que esta horrible infección,
¡estrella de mis ojos, sol de mi naturaleza,
tú, mi ángel y mi pasión!

¡Sí!, tal tú serás, oh reina de las gracias,
tras los últimos sacramentos,
cuando vayas, bajo la hierba y las fértiles florescencias,
a enmohecer en medio de las osamentas.

¡Entonces, oh belleza mía, di a los gusanos
que a besos te comerán,
que he guardado la forma y la esencia divina
de mis amores descompuestos!

XXX

De profundis clamavi

Yo imploro tu piedad, Tú, única a quien amo,
desde el oscuro abismo donde mi corazón ha caído.
Es un universo triste de horizonte plomizo,
donde en la noche flotan el horror y la blasfemia;

un sol casi apagado alumbra sólo seis meses;
y los otros seis meses cubre la noche la tierra;
es un país desnudo como la tierra polar;
—¡ni animales, ni arroyos, ni verdores, ni bosques!

Pues no existe horror en el mundo que sobrepase
la fría crueldad de este sol congelado
y esta noche eterna semejante al viejo Caos;

envidio la suerte de los animales más viles
que pueden sumirse en un sueño estúpido,
¡tan lentamente el tiempo devana su madeja!

XXI
El vampiro

Tú que, como una puñalada,
el corazón doliente me atravesaste,
tú que, como un rebaño
de demonios, enloquecida y engalanada, viniste,
de mi espíritu humillado
a hacer tu lecho y tu dominio;
—infame a quien estoy unido
como el forzado a la cadena,

como a su juego el jugador tenaz,
como el borracho su botella,
como a los gusanos la carroña,
—¡maldita, maldita seas!

He suplicado a la rápida espada
que conquiste mi libertad,
y he dicho al pérfido veneno
que socorra mi cobardía.

¡Ay! El veneno y la espada
me han desdeñado y me han dicho:
«No eres digno de que te rediman
de tu maldita esclavitud,

¡imbécil! —De su dominio
si nuestros esfuerzos te libraran,
tus besos revivirían
el cadáver de tu vampiro!»

XXXII

Una noche que estaba con una horrible Judía,
como un cadáver tendido al lado de un cadáver,
me puse a meditar junto a ese cuerpo vendido
en la triste belleza de la que se priva mi deseo.

Me representé su majestad nativa,
su mirada armada de fuerza y de gracias,
sus cabellos formando un casco perfumado,
y cuyo recuerdo me aviva el amor.

Pues con fervor tu noble cuerpo hubiera besado,
y desde tus pies frescos hasta tus negras trenzas
desplegado un tesoro de profundas caricias,

si, alguna noche, con llanto obtenido sin esfuerzo
pudieras solamente, oh reina de las crueles,
oscurecer el esplendor de tus frías pupilas.

XXXIII
Remordimiento póstumo

Cuando duermas, mi bella tenebrosa,
debajo de un monumento hecho de mármol negro,
y cuando no tengas por alcoba y morada
más que una cueva lluviosa y una fosa cavada;

cuando la piedra, oprimiendo tu pecho temeroso
y tus costados que ablanda una encantadora indolencia,
impida a tu corazón latir y querer,
y a tus pies correr su atrevida carrera,

la tumba, confidente de mi sueño infinito,
—porque la tumba siempre comprenderá al poeta—,
en esas largas noches que destierran al sueño,

te dirá: «¿De qué te sirve, cortesana imperfecta,
no haber conocido lo que lloran los muertos?»
Y el gusano roerá tu piel como un remordimiento.

XXXIX

El gato

Ven, mi bello gato, a mi corazón amoroso;
esconde las uñas de tu pata,
y deja que me hunda en tus bellos ojos,
mezcla de metal y ágata.

Cuando mis dedos acarician sin prisa
tu cabeza y tu lomo elástico,
y mi mano se embriaga con el placer
de palpar tu eléctrico cuerpo,

veo el fantasma de mi mujer. Su mirada,
como la tuya, amable fiera,
profunda y fría, corta y hiere como un dardo,

y de los pies a la cabeza,
un aire sutil, un peligroso perfume
giran en torno a su piel morena.

XXXV
Duellum

Dos guerreros han combatido mutuamente; sus armas
han encendido el aire de destellos y sangre.
Estos juegos, este ruido del hierro es el estrépito
de una juventud presa del amor sollozante.

¡Las espadas se han roto! ¡Como nuestra juventud,
querida!, mas los dientes, las uñas afiladas,
vengan pronto la espada y la daga traidora.
—¡Oh, furor de corazones maduros por el amor llagados!

Al barranco que frecuentan los linces y las onzas
nuestros héroes, con crueldad abrazados, han rodado,
y su piel hará que florezca la aridez de las zarzas.

—¡Este abismo, es el infierno, poblado de nuestros amigos!
Rodemos a él sin remordimientos, inhumana amazona,
a fin de eternizar el ardor de nuestro odio!

XXXVI

El balcón

Madre de los recuerdos, querida de queridas,
¡oh tú, todos mis deleites!, ¡oh tú, todos mis deberes!
Recordarás la belleza de las caricias,
la dulzura del hogar y el encanto los atardeceres,
¡madre de los recuerdos, querida de queridas!

Las tardes alumbradas por el carbón ardiendo
y las tardes en el balcón, cubiertas de rosados vapores.
¡Qué dulce era tu pecho!, ¡qué bueno tu corazón!
A veces nos dijimos cosas imperecederas
las tardes iluminadas por el carbón ardiente.

¡Qué hermosos son los soles en las cálidas veladas!
¡Qué profundo el espacio!, ¡el corazón qué fuerte!
Al inclinarme hacia ti, reina de las amadas,
creía respirar el aroma de tu sangre.
¡Qué hermosos son los soles en las cálidas veladas!

La noche se espesaba lo mismo que un tabique,
y en lo oscuro mis ojos descubrían tus pupilas,
y yo bebía tu aliento, ¡oh dulzura!, ¡oh veneno!,
y tus pies se dormían en mis fraternas manos.
La noche se espesaba lo mismo que un tabique.

Sé el arte de evocar los minutos felices,
reviso mi pasado acurrucado en tus rodillas.
Pues ¿dónde buscar tus lánguidas bellezas

si no es en tu cuerpo querido y en tu corazón tan dulce?
¡Sé el arte de evocar los minutos felices!

Estas promesas, estos aromas, estos besos infinitos,
¿renacerán de un abismo prohibido a nuestras sondas,
como ascienden al cielo los soles rejuvenecidos
tras haberse lavado en el fondo de los mares profundos?
—¡Oh promesas!, ¡Oh aromas!, ¡oh besos infinitos!

XXXVII

El poseído

El sol se ha cubierto con un crespón. Como él,
¡oh Luna de mi vida!, envuélvete en la sombra;
duerme o fuma a tu gusto; sé muda, sé sombría,
y húndete por entero en el abismo del Tedio.
¡Te amo así! Sin embargo, si así lo quieres,
como un astro eclipsado nacido de la penumbra,
pavonearte en los lugares que la Locura encumbra,
¡está bien!, ¡encantador puñal, surgido de tu vaina!

¡Enciende tu pupila con la luz de los candelabros!
¡Enciende el deseo en las miradas de los rústicos!
Todo lo tuyo adoro, mórbido o petulante;

sé lo que quieras, noche negra, roja aurora;
no hay una fibra en todo mi cuerpo tembloroso
que no grite: *¡Oh, mi querido Belcebú, yo te adoro!*

XXXVIII

Un fantasma

I. Las tinieblas

En las cuevas de insondable tristeza
donde el Destino ya me ha relegado;
donde jamás entra un rayo rosa y alegre;
donde, sólo con la Noche, desagradable huésped,

soy como un pintor al que un Dios burlón
ha condenado, ¡ay!, a pintar en las tinieblas;
donde, cocinero de fúnebres apetitos,
hiervo mi corazón y me lo como,

por instante brilla, se extiende y se muestra
un espectro formado de gracia y de esplendor.
Con su soñador aspecto oriental,
cuando alcanza su total grandeza,
reconozco a mi bella visitante:
¡es Ella!, negra y, sin embargo, luminosa.

II. El perfume

Lector, ¿alguna vez has respirado
con embriaguez y lenta glotonería
ese grano de incienso que llena una iglesia
o el almizcle impregnado a una bolsita?

¡Con qué hondo y mágico encanto nos embriaga
el pasado restaurado en el presente!
Así el amante en un cuerpo adorado
coge la flor exquisita del recuerdo.

De tus cabellos elásticos y espesos,
bolsa viva, incensario de alcoba,
subía un olor salvaje y fiero,

y de los trajes, muselina o terciopelo,
en pura juventud todo impregnado
un perfume de pieles se desprendía.

III. El marco

Como un bello marco añade a la pintura,
aunque sea de un pincel muy celebrado,
yo no sé qué de extraño y encantado
que la aísla de la inmensa Naturaleza,
así joyas, muebles, metales y dorados,
se acomodan muy bien a su rara belleza;
nada ofuscaba su perfecta luz,
y todo parecía hacerle marco a ella.

Y hasta se hubiera dicho que creía
que todo quería amarla; ella ahogaba
su desnudez voluptuosamente

en los besos de lino y seda,
y, lenta o brusca, en todos sus movimientos,
mostraba la infantil gracia del mono.

IV. El retrato

La Enfermedad y la Muerte hacen cenizas
todo el fuego que ardió para nosotros.
De esos grandes ojos tan fervientes y tiernos,
de esa boca donde se ahogó mi corazón,

de esos besos fuertes como un bálsamo,
de esos arrebatos más vivos que los rayos,
¿qué queda? Es horrible, ¡oh, alma mía!
Sólo un dibujo muy pálido, a tres colores,
que, como yo, muere en la soledad,
y que el Tiempo, injurioso anciano,
diariamente roza con su ruda ala…
Asesino de la Vida y del Arte,
¡nunca matarás en mi memoria
a la que fue mi placer y mi gloria!

XXXIX

Te doy estos versos para que si mi nombre
alcanza felizmente a épocas lejanas,
y hace una noche soñar a los cerebros humanos,
bajel favorecido por un gran aquilón,

tu memoria, semejante a las fábulas inciertas,
fatigue al lector al igual que un tímpano,
y por un fraternal y sagrado eslabón
quede como colgada de mis rimas altivas;

¡ser maldito a quien, desde el abismo más profundo
hasta lo más alto del cielo, nada, tan sólo yo, respondo!
—¡Oh, tú, que como una sombra de rastro efímero,

pisas con pie ligero y mirada serena
a los estúpidos mortales que te han juzgado amarga,
estatua de ojos de azabache, gran ángel de broncínea frente!

XL

Semper eadem*

«¿De dónde viene, decías, esta tristeza extraña
que sube como el mar sobre la roca oscura y desnuda?»
—Cuando nuestro corazón ha hecho una vez su vendimia,
el vivir es un mal. Es un secreto sabido.

Es un dolor sencillo y nada misterioso,
y, como tu alegría, visible para todos.
Cesa, pues, de buscar, ¡oh bella curiosa!,
y, aunque tu voz sea dulce, ¡cállate!

¡Cállate, ignorante! ¡Alma siempre asombrada!,
¡boca de risa infantil! Más aún que la Vida,
la Muerte a menudo nos sujeta con sutiles lazos.

¡Deja, deja que mi corazón se embriague con una *mentira,*
que se sumerja en tus ojos como en un bello sueño,
y se duerma largo tiempo a la sombra de tus pestañas!

* Siempre la misma.

XLI

Toda entera

El Demonio, en mi elevada habitación,
esta mañana ha venido a visitarme,
y, buscando de cogerme en falta,
me ha dicho: «Quisiera yo saber,

entre todas las cosas bellas
que constituyen su esplendor,
de entre objetos negros o rosas
que componen su cuerpo encantador,

¿cuál es la más dulce? —¡Oh, alma mía!
respondiste al Aborrecido:
«Puesto que en Ella todo es bálsamo,
nada puede ser preferido.

Cuando todo me cautiva, ignoro
si alguna cosa me seduce.
Ella deslumbra como la Aurora
y consuela como la Noche;

y es demasiado exquisita la armonía
que rige todo su bello cuerpo,
para que el impotente análisis
registre los numerosos acordes.

¡Oh, mística metamorfosis
de todos mis sentidos fundidos en uno!
¡Su aliento produce música,
como su voz es perfume!»

XLII

¿Qué dirás esta noche, pobre alma solitaria,
qué dirás corazón mío, corazón en otro tiempo
herido,
a la muy bella, a la muy buena, a la muy querida
bajo cuya mirada divina de pronto has florecido?

—Pondremos nuestro orgullo a cantar sus alabanzas:
nada vale la dulzura de su autoridad;
su carne espiritual tiene el perfume de los Ángeles,
y sus ojos nos revisten con ropas luminosas.
Ya sea en la noche y en la soledad,
ya sea en la calle y entre la multitud,
su fantasma danza en el aire como una llama.

A veces habla y dice: «Soy bella, y os mando
que por amor a mí no ames más que lo Bello;
soy el Ángel guardián, la Musa y la Madona»

XLIII

La antorcha viviente

Delante de mí van esos Ojos llenos de luces,
que un Ángel sapientísimo ha imantado sin duda;
caminan, esos divinos hermanos que son hermanos míos,
agitando en mis ojos sus fuegos diamantinos.

Me libran de toda trampa y de todo pecado grave,
ellos guían mis pasos por el camino de lo Bello;
son mis servidores y yo soy su esclavo;
todo mi ser obedece a ese fuego viviente.

Encantadores Ojos, brilláis con la claridad mística
que tienen los cirios que arden a pleno día; el sol
enrojece, pero no apaga su fantástica llama;

ellos honran la Muerte, vosotros cantáis el Despertar;
camináis cantando el despertar de mi alma,
¡astros cuya llama ningún sol puede deslucir!

XLIV

Reversibilidad

Ángel lleno de alegría, ¿sabes lo que es la angustia,
la vergüenza, los remordimientos, los sollozos, el hastío,
y los vagos horrores de esas terribles noches
que el corazón comprimen como un papel que se estruja?
Ángel lleno de alegría, ¿sabes lo que es la angustia?

Ángel lleno de bondad, ¿sabes lo que es el odio,
los puños crispados en la sombra y las lágrimas de hiel,
cuando la Venganza hace su llamada infernal,
y se erige en capitana de nuestras facultades?
Angel lleno de bondad, ¿sabes lo que es el odio?

Ángel lleno de salud, ¿sabes lo que es la Fiebre,
que, a lo largo de los muros del descolorido hospicio,
como los desterrados, con pies pesados marchan,
buscando el sol escaso y moviendo los labios?
Ángel lleno de salud, ¿sabes lo que es la Fiebre?

Ángel lleno de belleza, ¿sabes lo que son las arrugas,
y el miedo a envejecer, y ese odioso tormento
de leer el horror secreto de la abnegación
en los ojos donde ha tiempo bebieron nuestros ávidos ojos?
Ángel lleno de belleza, ¿conoces las arrugas?

Ángel lleno de dicha, de alegría y de luces,
David agonizante habría pedido la salud
a las emanaciones de tu cuerpo encantado,
pero de ti, ángel, yo no imploro más que tus plegarias,
¡Ángel lleno de gozo, de alegría y de luces!

XLV
Confesión

Una vez, una sola, amable y dulce mujer,
sobre mi brazo tu bruñido brazo
se apoyó (en el fondo tenebroso de mi alma
no ha palidecido este recuerdo);

era tarde; lo mismo que una medalla nueva
la luna llena se exhibía,
y la solemnidad de la noche, como un río,
sobre París dormido fluía.

Y a lo largo de las casas, bajo las puertas cocheras,
furtivamente iban los gatos
el oído al acecho, o, como sombras queridas,
nos acompañaban lentamente.

Y de repente, en medio de la intimidad libre
abierta a la pálida claridad,
de ti, rico y sonoro instrumento donde vibra
radiante alegría tan sólo

de ti, clara y gloriosa igual que una fanfarria
en la mañana resplandeciente,
una nota doliente, una nota extraña,
se desprendió vacilando

como una niña enfermiza, horrible, sombría, inmunda,
que abochorna a su familia
y, para ocultarla del mundo, largo tiempo

en una cueva la encerraron.
Pobre ángel, tu nota desafinada cantaba:
«Nada aquí abajo es cierto,
y siempre, por mucho que se intente disimular,
el egoísmo humano se traiciona;

es un oficio duro el de la mujer bella,
y es un trabajo tan banal
el de la bailarina loca y fría que se desmaya
con una sonrisa maquinal;

es una cosa necia edificar sobre los corazones;
todo se quiebra, amor y belleza,
hasta que el Olvido los recoge en su cesto
¡para devolverlos a la Eternidad!»

A menudo he evocado esa luna encantada,
ese silencio y esa languidez,
y esa confidencia horrible cuchicheada
en el confesionario del corazón.

XLVI

El alba espiritual

Cuando en los libertinos el alba blanca y roja
toma por compañero al Ideal roedor,
por obra de un vengador misterio
un Ángel en la bestia adormecida se despierta.

El azul inaccesible de los Cielos Espirituales,
para el hombre abatido que aún sueña y sufre,
se abre y profundiza con la atracción del abismo.
Así, amada Diosa, ser lúcido y puro,

sobre humeantes restos de estúpidas orgías
tu recuerdo más claro, más rosa, más encantador,
ante mis ojos dilatados revolotea incesantemente.

El sol ha oscurecido la luz de las bujías;
¡así, siempre triunfante, tu imagen se parece,
alma resplandeciente, al sol inmortal!

XLVII

Armonía de la tarde

Acércase el tiempo en que vibrando en su tallo
cada flor se evapora igual que un incensario;
sones y perfumes irán en el aire de la tarde;
¡melancólico vals y lánguido vértigo!

Cada flor se evapora igual que un incensario;
el violín se estremece como un corazón afligido;
¡melancólico vals y lánguido vértigo!
El cielo está triste y bello como un gran altar.

El violín se estremece cual corazón afligido
¡un corazón tierno, que odia la nada vasta y negra!
El cielo está triste y bello como un gran altar;
el sol se va anegando en su sangre que se coagula.

¡Un corazón tierno, que odia la nada vasta y negra,
recoge toda huella del pasado luminoso!
El sol se va anegando en su sangre que se coagula...
¡Tu recuerdo en mí brilla igual que un ostentorio!

XLVIII
El frasco

Hay perfumes tan fuertes para los que toda materia
es porosa. Se diría que filtran el vidrio.
Al abrir un cofrecito venido de Oriente
cuya cerradura rechina y gime a gritos,

o en una casa vacía algún armario
lleno del acre olor del tiempo, polvoriento y negro,
a veces encontramos un viejo frasco que se recuerda,
de donde sale un alma viva que regresa.

Mil pensamientos dormían, fúnebres crisálidas,
agitándose poco a poco en las densas tinieblas,
que abren sus alas y su volar emprenden,
de azul teñidos, satinados de rosa, bordados de oro.

Ved aquí que el recuerdo embriagador revolotea
por el aire enturbiado; los ojos se cierran; el Vértigo
se apodera del alma vencida y la lanza con las dos manos
a un abismo oscurecido de miasmas humanos;

la transporta al borde de un abismo secular,
donde, como Lázaro oliente desgarrándose el sudario,
al despertar se mueve el espectral cadáver
de un viejo amor, rancio, encantador y sepulcral.

Así, cuando yo esté perdido en la memoria
de los hombres, al fondo de un armario siniestro
cuando me hayan tirado, viejo frasco abandonado,
decrépito, polvoriento, sucio, abyecto, viscoso, rajado,

¡yo seré tu ataúd, amable pestilencia!,
Testimonio de tu fuerza y de tu virulencia,
¡querido veneno preparado por ángeles!, ¡licor
que me corroe, oh, la vida y la muerte de mi corazón!

XLIX

El veneno

El vino sabe revestir la más sórdida choza
de un lujo milagroso,
y hace levantar más de un pórtico fabuloso
en el oro de su rojo vapor,
como un sol que se pone en el cielo brumoso.

El opio agranda lo que es ilimitado,
ensancha lo infinito
hace profundo el tiempo, ahonda los goces,
y de placeres oscuros y lúgubres
llena el alma más allá de su capacidad.

Todo eso no iguala al veneno que mana
de tus ojos, de tus ojos verdes,
lagos donde mi alma tiembla y se ve al revés…
Vienen mis sueños en tropel
para apagar su sed en estos amargos abismos.

Mas todo ello no vale el terrible prodigio
de tu saliva que muerde,
que sume en el olvido mi alma sin remordimiento,
y, arrastrándola el vértigo,
¡la hace rodar sin fuerza a las orillas de la muerte!

L

Cielo nublado

Tu mirada se diría que un vaho se pierde,
tus ojos misteriosos (¿son azules, grises o verdes?),
a veces tiernos, a veces soñadores, a veces crueles,
reflejan la indolencia y la blancura del cielo.

Recuerdas esos días blancos, tibios y cubiertos,
que hacen fundirse en llanto a los corazones embrujados,
cuando, agitados por un mal desconocido que les hace
[retorcerse,
los nervios demasiado despiertos se burlan del espíritu
[que duerme.
A veces me recuerdas a esos bellos horizontes
que los soles alumbran de las estaciones brumosas…
¡Cómo resplandeces, paisaje mojado
al inflamarte los rayos que caen de un cielo nublado!

¡Oh mujer peligrosa, oh climas seductores!,
¿Adoraré también tu nieve y tu escarcha
y sabré sacar del invierno implacable
placeres más agudos que el hielo y que el hierro?

LI
El gato

I

Por mi cerebro se pasea,
lo mismo que por su aposento,
un bello gato, fuerte, dulce y encantador.
que apenas se oye si maúlla,

tan tierno y tan discreto es su timbre;
pero su voz ya se apacigüe o gruña,
siempre es rica y profunda.
Este es su encanto y su secreto.

Esa voz, que brota y que se filtra
en mi interior más tenebroso,
me llena como un largo verso
y me regocija como un brebaje.

Mis males deja adormecidos
y contiene todos los éxtasis;
para decir las más largas frases,
no necesita palabras.

No, no hay arco de violín que muerda
mi corazón, buen instrumento,
y que haga con mayor majestad
cantar su cuerda más vibrante,
que tu voz, gato misterioso,
gato seráfico, gato extraño,
en el que todo es, como en un ángel,
tan sutil como armonioso.

II

De su piel rubia y morena
sale un suave aroma, que una tarde
quedé perfumado, por haberlo
acariciado una vez, nada más que una.

Es el espíritu familiar del lugar;
juzga, preside, inspira
todas las cosas en su imperio;
tal vez sea un hada, tal vez un dios.

Cuando mis ojos, hacia ese gato al que amo
atraídos por un imán,
se vuelven dócilmente,
y me miro dentro de mí.

contemplo con admiración
el fuego de sus pálidas pupilas,
claros fanales, ópalos vivos,
que fijamente me contemplan.

LII

El bello navío

Quiero contarte, ¡oh lánguida hechicera!,
las diversas bellezas que adornan tu juventud;
quiero pintarte tu belleza,
donde la madurez y la infancia se alían.

Cuando vas balanceando el aire con tu falda larga,
pareces un hermoso navío que se hace a la mar,
con las velas al viento, y se va deslizando
siguiendo un ritmo dulce, perezoso y lento.

Sobre tu cuello torneado, sobre tus hombros carnosos,
tu cabeza levanta sus encantos serenos;
con aire plácido y triunfante,
prosigues tu camino, majestuosa criatura.

Quiero contarte, ¡oh lánguida seductora!,
las diversas bellezas que adornan tu juventud;
quiero pintarte tu belleza,
en la que la infancia se une a la madurez.

Tus senos que el muaré empuja adelantándose,
tus senos triunfantes son bellos armarios
cuyos paneles arqueados y claros
como los escudos atraen los relámpagos;

¡escudos provocadores armados de puntas rosas!,
¡armarios de dulces secretos, llenos de buenas cosas,
de vinos, de perfumes, de licores
que harían delirar los cerebros y los corazones!

Cuando vas balanceando el aire con tu falda larga,
pareces un hermoso navío que se hace a la mar,
con las velas al viento, y se va deslizando
siguiendo un ritmo dulce, perezoso y lento.
Tus nobles piernas, bajo los volantes que van
despidiendo,
torturan y excitan los deseos oscuros,
como dos brujas que hacen
girar un filtro negro en una vaso profundo.

Tus brazos, que parecen precoces hércules,
son émulos sólidos de boas brillantes,
hechos para estrechar con tanta obstinación
que imprimirías a tu amante en tu corazón.

Sobre tu cuello torneado, sobre tus hombros carnosos,
tu cabeza levanta sus encantos serenos;
con aire plácido y triunfante,
haces tu camino, majestuosa niña.

LIII

Invitación al viaje

¡Mi niña, mi hermana
piensa en la dulzura
de ir allí a vivir juntos!
¡Amar sin cesar,
amar y morir
en un país como tú!
Los soles mojados
de esos cielos nublados
para mi espíritu son el encanto
tan misteriosos
de tus ojos traidores
brillando a través de su llanto.
Allí todo no es sino orden y belleza,
lujo, calma y deleite.

Muebles relucientes,
pulidos por la edad,
decorarían nuestra habitación;
las más extrañas flores
mezclando sus olores
con el vago aroma del ámbar,
los ricos techos,
los espejos profundos,
el esplendor oriental,
todo allí hablaría
al alma en secreto
su dulce lengua natal.

Allí todo no es sino orden y belleza,
lujo, calma y deleite.

Mira en esos canales
dormir esos navíos
cuyo humor es vagabundo;
para complacer
tu menor deseo
vienen del fin del mundo.
—Los soles al ponerse
revisten los campos,
los canales, la ciudad entera,
de jacinto y de oro;
se adormece el mundo
en una cálida luz.

Allí todo no es sino orden y belleza,
lujo, calma y deleite.

LIV

Lo irreparable

¿Podemos sofocar el viejo, el largo Remordimiento,
que vive, se agita, se retuerce
y se alimenta de nosotros como el gusano de los muertos,
como de la encina la oruga?
¿Podemos sofocar el cruel Remordimiento?

¿En qué filtro, en qué vino, en qué tisana,
este viejo enemigo nos fatiga,
destructor y glotón como la cortesana,
paciente como la hormiga?
¿En qué filtro, en qué vino, en qué tisana?

Dile, hermosa bruja, ¡oh!, di, si lo sabes,
a este espíritu colmado de amargura
y semejante al moribundo al que los heridos aplastan,
al que el casco del caballo magulla,
dile, hermosa bruja, ¡oh!, di, si lo sabes,

a este agonizante al que el lobo ya olfatea
y a quien el cuervo vigila,
¡a este soldado roto!, si es preciso que desespere
de tener una cruz y una sepultura;
¡a este pobre agonizante al que ya el lobo olfatea!

¿Se puede iluminar un cielo ennegrecido?
¿Se pueden desgarrar las tinieblas
más densas que la pez, sin mañana y sin noche,
sin astros, sin relámpagos fúnebres?
¿Se puede iluminar un cielo fangoso y negro?

La Esperanza que brilla en los cristales del Albergue
¡para siempre ha sido apagada!
Sin luna y sin fulgores, ¡cómo hallar dónde se hospeda
a los mártires de un mal camino!
¡El Diablo ha extinguido el cristal del Albergue!

Adorable hechicera, ¿amas a los condenados?
Di, ¿conoces lo irremisible?
¿Conoces el Remordimiento, de dardos envenenados,
a quien nuestro corazón sirve de blanco?
Bruja adorable, ¿amas a los condenados?

Lo Irreparable roe con su diente maldito
nuestra alma, lamentable monumento,
y a menudo ataca, lo mismo que la termita,
al edificio por su base.
¡Lo Irreparable roe con su diente maldito!

—He visto algunas veces en el fondo de un teatro banal
que inflamaba la orquesta sonora,
a un hada alumbrar en un cielo infernal
una milagrosa aurora;
he visto algunas veces en el fondo de un teatro banal

a un ser que no era más que luz, oro y gasa,
que derribaba al gran Satán;
pero mi corazón, al que nunca el éxtasis visita,
es un teatro en que se espera
siempre, siempre en vano, ¡al Ser con alas de gasa!

LV

Conversación

¡Eres un bello cielo de otoño, claro y rosa!
pero la tristeza asciende en mí como el mar
y deja, al refluir, en mis labios sombríos
el punzante recuerdo de su limón amargo.

—Tu mano se desliza en vano por mi pecho que desfallece;
lo que ella busca, amiga, es un lugar saqueado
por la garra y el diente feroz de la mujer.
No busques más mi corazón; lo han devorado las fieras.

Mi corazón es un palacio devastado por las turbas;
¡en el que se emborrachan, matan, se agarran por el pelo!;
—¡Flota un perfume en torno a tu cuello desnudo!…

¡Oh Belleza, duro azote de las almas, tú lo quieres!
Con tus ojos de fuego brillantes como fiestas,
¡calcina estos despojos que han dejado las fieras!

LVI

Canto de otoño

I

Pronto nos hundiremos en las frías tinieblas;
¡adiós, claro fulgor, de nuestro breve estío!
Ya oigo caer con fúnebres golpes
la leña que resuena en el empedrado de los corrales.

Todo el invierno ya penetre en mi ser: ira,
odio, temblor, horror, trabajo duro y forzado,
y, lo mismo que el sol en su infierno polar,
mi corazón ya no será más que un rojo bloque helado.

Escucho tembloroso cada leño que cae;
cuando levantan un cadalso no se produce un eco más sordo.
Mi espíritu parece a la torre que se derrumba
bajo los golpes del ariete infatigable y pesado.

Acunado por este constante golpear, me parece
que clavan a toda prisa un ataúd en algún sitio.
¿Para quién? —Ayer era verano; ¡he aquí el otoño!
Y el extraño ruido suena igual que una partida.

II

Amo la luz verdosa de tus profundos ojos,
dulce belleza, mas hoy todo me es amargo,
y nada, ni tu amor, ni tu cuarto, ni el fuego,

me vale hoy lo que el sol que resplandece en el mar.
Pero no obstante, ¡quiéreme, tierno corazón!, sé madre
hasta para un ingrato, hasta para un malvado;
amante o hermana, sé la dulzura efímera
de un otoño glorioso o de un sol que se pone.

¡Breve tarea! La tumba espera; ¡está ávida!
¡Ah, déjame que, con mi frente posada en tus rodillas,
guste, añorando el blanco estío ardiente,
el rojo amarillo y dulce del final del otoño!

LVII

A una Madona

Exvoto al gusto español

Quiero alzar para ti, Madona, amante mía,
un altar subterráneo en el fondo de mi angustia,
y abrir en el rincón más oscuro de mi corazón,
lejos del deseo mundano y de la mirada burlona,
una hornacina, esmaltada en azul y en oro,
donde tú te alzarás, Estatua admirada.
Con mis Versos pulidos, enrejados de un puro metal,
sabiamente adornado de rimas de cristal,
haré para tu cabeza una enorme Corona;
y en mis Celos, oh mortal Madona,
sabré cortarte un Manto, de hechura
bárbara, burda y gruesa, y forrado de recelo,
que encerrara cual una guarida tus encantos
¡no bordado de Perlas, sino de todas mis Lágrimas!
Tu Vestido será mi Deseo, tembloroso,
ondulante, mi Deseo que sube y que desciende,
en las cumbres oscila y en los valles reposa,
y reviste de besos tu cuerpo blanco y rosa.
Te haré con mi Respeto bellos Zapatos
de raso, para tus pies divinos humillados,
que, aprisionándolos con una blanda opresión,
como un molde fiel guardarán la huella.
Si, pese a todo mi arte diligente, no puedo
para Escabel tallar una Luna de plata,
pondré a la Serpiente que me devora las entrañas
bajo tus plantas, para que pises y escarnezcas,
Reina victoriosa y fecunda en redenciones,
a este monstruo hinchado de odio y de salivazos.

Verás mis Pensamientos, alineados como los Cirios
ante el altar florido de la Reina de las Vírgenes,
sembrando de reflejos estelares el techo pintado de azul,
mirarte siempre con ojos de fuego;
y como todo en mí te desea y te admira,
todo se hará Benjuí, Incienso, Olíbano, Mirra,
y sin cesar hacia ti, cumbre blanca y nevada,
ascenderá en vapores mi Espíritu tempestuoso.

Por último, para completar tu papel de María,
y para mezclar el amor con la barbarie,
¡delicia negra!, con los siete Pecados capitales,
verdugo lleno de remordimientos, haré siete Cuchillos
muy afilados, y, como un juglar insensible,
tomando lo más profundo de tu amor como blanco,
¡los plantaré todos en tu Corazón palpitante,
en tu Corazón gimiente, en tu Corazón sangrante!

LVIII

Canción de siesta

Aunque tus cejas malvadas
te dan un aspecto extraño
que no es el de un ángel,
bruja de ojos seductores,

te adoro, ¡oh frívola mía,
mi terrible pasión!,
con la devoción
del sacerdote por su ídolo.

El desierto y el bosque
perfuman tus rudas trenzas,
tu cabeza tiene las actitudes
del enigma y del secreto.

Por tu carne ronda el perfume
lo mismo que un incensario;
encantas como la tarde,
ninfa tenebrosa y cálida.

¡Ah, los filtros más fuertes
no valen tu pereza,
y conoces la caricia
que resucitan a los muertos!
Tus caderas están enamoradas
de tu espalda y de tus senos,
y cautivas a los almohadones
con tus posiciones lánguidas.

A veces para calmar
tu cólera misteriosa,
prodigas, seria,
el mordisco y el beso;

me dañas, morena mía,
con una risa burlona,
y luego pones en mi corazón
tus ojos dulces como la luna.

Bajo tus chapines de raso,
bajo tus encantadores pies de seda,
pongo mi gran alegría,
mi genio y mi porvenir,

¡mi alma por ti sanada,
por ti, luz y color!,
¡explosión de calor
en mi sombría Siberia!

LIX
Sisina

¡Imaginad a Diana* con elegante atavío,
recorriendo los bosques o batiendo los matorrales,
cabellos y pechos al viento, embriagándose de estrépito,
soberbia y retando a los mejores jinetes!
¿Habéis visto a Théroigne,** amante de las masacres,
excitando al asalto a un pueblo sin calzado,
con las mejillas y los ojos de fuego, haciendo su papel,
y subiendo, sable en mano, las escaleras reales?

¡Pues igual es Sisina!,*** pero la dulce guerrera
tiene el alma piadosa a la par que asesina;
su valor, enloquecido de pólvora y tambores,

sabe bajar las armas ante quienes suplican,
y su corazón, asolado por las llamas, tiene siempre,
para quien merezca, una reserva de lágrimas.

---

* Diosa de la caza en la mitología romana; obtuvo de su padre, Júpiter, el permiso para no casarse nunca.
** Se refiere a Théroigne de Méricourt, heroína francesa, famosa por su exaltación revolucionaria. Tenía el sobrenombre de *La Amazona de la Libertad*.
*** Se refiere a la aventurera italiana Elisa Guerri, amiga de la señora Sabatier.

LX

Franciscæ meæ Laudes*

Novis te cantabo chordis,
o novelletum quod ludis
in solitudine cordis.

Esto sertis implicata,
o femina delicata
per quam solvuntur peccata!
Sicxut beneficum Lethe,
hauriam oscula de te,
quæ imbuta es magnate.

Quum vitiorum tempestas
turbabat omnes semitas,
apparuisti, Deitas,

velut stella salutaris
in naufragiis amaris…
suspendam cor tuis aris!

Piscina plena virtutis,
fons æternæ juventutis,
labris vocem redde mutis!

Quood erat spurcum, cremasti;
quod rudius, exæquasti;
quod debile, confirmasti.

---

* Único poema en latín del libro. Escrito en un latín muy sencillo en forma de tercetos rimados, dedicado a «una modista erudita y devota».

In fame mea taberna,
in nocte mea lucerna,
recte me semper guberna.

Adde nunc vires viribus,
dulce balneum suavibus
urguentatum odoribus!

Meos circa lumbos mica,
o castitatis lorica,
aqua tibcta seraphica;

patera gemmis corusca,
panis salsus, mollis esca,
divinum vinum, Francisca.

LXI

A una dama criolla

En un país fragante que el sol acaricia,
he conocido bajo una bóveda de árboles empurpurados,
y de palmeras de donde la pereza llueve en los ojos,
a una dama criolla de encantos ignorados.

Su tez es pálida y ardiente; morena encantadora,
tiene en el cuello aires noblemente afectados;
alta y esbelta caminaba como una cazadora,
su sonrisa es tranquila y sus ojos resueltos.

Si vais, Señora, al verdadero país de la gloria,
a las orillas del Sena o del verde Loira,
bella digna de ornar las viejas mansiones,

al abrigo de rincones sombríos, haríais
germinar mil sonetos en el corazón de los poetas,
que vuestros grandes ojos volverían más sumisos que
[vuestros negros.

LXII

Mœsta et errabunda

Dime, ¿tu corazón, Ágata, a veces vuela,
lejos del negro océano de la inmunda ciudad,
hacia otro océano donde el resplandor estalla,
azul claro, profundo, como la virginidad?
Dime, ¿tu corazón, Ágata, a veces vuela?

¡El mar, el inmenso mar consuela nuestros males!
¿Qué demonio ha dotado al mar, ronco cantor,
que acompaña al gran órgano de los vientos gruñones,
de su función sublime de ser canción de cuna?
¡El mar, el vasto mar consuela nuestros males!

¡Llévame, vagón!, ¡embárcame, fragata!
¡lejos, lejos! ¡Aquí el lodo está hecho de nuestro llanto!
—¿Es cierto que a veces el triste corazón de Ágata
dice: lejos de remordimientos, crímenes, dolores,
llévame, vagón, embárcame, fragata?

¡Qué lejos estás, paraíso aromado,
donde bajo un claro cielo todo no es sino amor y alegría,
donde todo lo que se ama es digno de ser amado,
donde el corazón se extraña en el deleite puro!
¡Qué lejos estás, paraíso aromado!

Pero el verde paraíso de los infantiles amores,
las excursiones, las canciones, los besos, los ramos,
los violines sonando detrás de las colinas,
con los vasos de vino, por la tarde, en los bosquecillos,

—pero el verde paraíso de los infantiles amores,
el inocente paraíso, lleno de placeres furtivos,
¿está ya más lejos que la India y la China?
¡Podemos evocarlo con plañideras voces,
y animarlo además con una voz argentina
al ingenuo paraíso lleno de placeres furtivos!

LXIII

El aparecido

Como los ángeles de ojo fiero,
volveré a tu alcoba
y me deslizaré hasta ti sin ruido
con las sombras de la noche;

y te daré, morena mía,
besos fríos, como la luna,
y caricias de serpiente
que van reptando en torno a una fosa.

Al llegar la lívida mañana,
hallarás mi sitio vacío
y hasta el anochecer seguirá frío.

Como otros por la ternura,
en tu vida y en tu juventud,
por el terror quiero reinar.

LXIV

Soneto de otoño

Me preguntan tus ojos, claros como el cristal:
«Para ti, extraño amante, ¿qué mérito es el mío?»
—¡Sé encantadora y calla! Mi corazón, a quien todo irrita,
a excepción del candor del antiguo animal,

no quiere mostrarte su secreto infernal,
nodriza cuya mano a largos sueños me invita,
ni su negra leyenda escrita con llamas.
¡Detesto la pasión y el ingenio me daña!

Amémonos con calma. El Amor en su garita,
tenebroso, emboscado, tiende el arco fatal.
Conozco las armas de su viejo arsenal:

Crimen, horror y locura!—¡Oh pálida margarita!,
¿no eres, como yo, un sol otoñal,
oh, mi Margarita tan blanca y tan fría?

LXV

Tristezas de la luna

Esta noche, la luna sueña más perezosa;
lo mismo que una belleza, sobre muchos cojines,
que con mano distraída y ligera acaricia
antes de adormecerse la línea de sus pechos,

sobre la brillante espalda de blandas avalanchas,
moribunda, se entrega a largos desmayos,
y pasea sus ojos por las blancas visiones
que se alzan en el azul como floraciones.

Cuando a veces sobre este globo, en su lánguidos ocios,
deja caer una lágrima furtiva,
un poeta piadoso, enemigo del sueño,

en el hueco de su mano recoge esa lágrima pálida,
de irisados reflejos como un fragmento de ópalo,
y a los ojos del sol en su pecho la oculta.

LXVI

Los gatos

Los amantes fervientes y los sabios austeros
aman del mismo modo, en sus años maduros,
a los gatos fuertes y dulces, orgullo de la casa,
que como ellos son frioleros y como ellos sedentarios.

Amigos de la ciencia y del deleite,
buscan el silencio y el horror de las tinieblas;
el Erebo* les hubiese tomado por sus fúnebres corceles,
si se resignaran someter su fiereza a servidumbre.

Adquieren al soñar las nobles actitudes
de las grandes esfinges estiradas en el fondo de las soledades,
que parecen dormirse en un sueño sin fin;
sus costados fecundos están llenos de mágicas chispas,
y partículas de oro, igual que fina arena,
en sus pupilas místicas vagamente fulguran.

* Río de los Infiernos.

LXVII

Los búhos

Bajo los negros tejos que les cobijan
los búhos están alineados,
igual que extraños dioses,
miran con sus ojos encarnados. Meditan.

Se quedarán sin moverse
hasta la hora melancólica
en que, al ponerse el sol oblicuo,
se instalen las tinieblas.

Su actitud enseña al prudente
que en este mundo hay que temer
al tumulto y al movimiento,

que el hombre ebrio de una sombra que pasa
sufra siempre castigo
por haber deseado cambiar de sitio.

LXVIII

La pipa

Soy la pipa de un autor;
se ve, al contemplar mi cara
de Abisinia o de Cafrería,
que mi dueño es un gran fumador.

Cuando está lleno de dolor,
echo humo como la chimenea
donde preparan la comida
para el labriego que regresa.

Abrazo y mezo su alma
en la red móvil y azul
que de mi boca ardiente sube

y esparzo un fuerte bálsamo
que encanta su corazón y cura
a su espíritu de sus fatigas.

LXIX

La música

¡A menudo la música me invade como un mar!
Hacia mi blanca estrella,
bajo un techo de bruma o en un vasto éter,
me hago a la vela;
con el pecho hacia delante y los pulmones hinchados
igual que la tela,
escalo el lomo de oleajes apretados
que la noche me oculta;

siento vibrar en mí todas las pasiones
de un bajel que sufre;
el viento favorable, la tempestad y sus convulsiones
sobre el inmenso abismo
me mecen. Otras veces, bonanza, ¡gran espejo
de mi desesperación!

LXX

Sepultura

Si una noche lenta y sombría
un buen cristiano, por piedad,
detrás de unos viejos escombros
entierra tu elogiado cuerpo,

a la hora en que las castas estrellas
cierran sus ojos soñolientos,
la araña tejerá allí su tela
y la víbora cuidará sus crías;

todo el año escucharás
sobre tu cabeza condenada
el triste aullido de los lobos

y de las brujas famélicas,
el retozar de los viejos lúbricos
y los desmanes de los oscuros rateros.

LXXI

Un grabado fantástico

Este singular espectro no tiene otro atavío,
grotescamente alzado en su frente esquelética,
que una horrible diadema que huele a carnaval.
Sin espuelas, sin látigo, a su caballo sofoca,
fantasma como él, rocín apocalíptico,
cuyas fauces babean cual las de un epiléptico.
A través del espacio los dos juntos se hunden
hollando el infinito con cascos arriesgados.
El jinete pasea su flamígero sable
sobre la turba anónima que su corcel patea,
y recorre, cual príncipe que inspecciona su casa,
el cementerio inmenso, frío y sin horizonte,
donde yacen, bajo los fulgores de un sol blanco y sin brillo,
los pueblos de la moderna y vieja historia.

LXXII

El muerto alegre

En una tierra fértil, llena de caracoles,
quiero cavar yo mismo una fosa profunda,
donde a mi gusto pueda meter mis viejos huesos
y dormir en el olvido cual tiburón en las olas.

Odio los testamentos y odio las sepulturas;
antes de suplicar una lágrima al mundo,
preferiría, vivo, invitar a los cuervos
a ensangrentar sus picos en mi inmunda carcasa.

¡Oh gusanos!, oscuros compañeros silenciosos y ciegos,
ved que viene a vosotros un muerto libre y gozoso;
libertinos filósofos, hijos de la podredumbre,

pasad sin escrúpulos a través de mi ruina,
y decidme si todavía le falta una tortura
¡para este viejo cuerpo sin alma y muerto entre los muertos!

LXXIII

El tonel del odio

El Odio es el tonel de las pálidas Danaides;*
la Venganza insensata de brazos fuertes brazos rojos
por más que precipite en sus tinieblas vacías
cubos llenos de sangre y lágrimas de muertos,

el Demonio hace agujeros secretos en esos abismos,
por los que huirán mil años de sudores y esfuerzos,
pese a que ella podría reanimar a sus víctimas,
y resucitar sus cuerpos para empujarlos.

El Odio es un borracho en el fondo de una taberna
que siente siempre renacer la sed de licor
y multiplicarse como la hidra de Lerna.**

—Pero los buenos bebedores conocen a su vencedor,
mientras que el Odio se consagra a la suerte penosa
de no poder nunca dormirse bajo la mesa.

* Cincuenta hijas de Dánao, rey de Argos, que por matar a sus maridos fueron condenadas en el Tártaro a llenar de agua un tonel sin fondo.
** Monstruo de la mitología con siete cabezas que le renacían al cortárselas.

LXXIV

La campana cascada

Es amargo y dulce, en las noches de invierno,
escuchar, junto al fuego que palpita y humea,
lentamente elevarse los recuerdos lejanos
al son de los carillones que cantan en la bruma.

¡Bendita la campana de garganta vigorosa
que, pese a su vejez, alerta y en saludable estado,
lanza fielmente su religioso grito,
igual que un viejo soldado que vela bajo la tienda!

Mi alma está cascada y cuando se encuentra aburrida
y quiere poblar con sus cantos el aire frío de las noches,
sucede a menudo que su voz debilitada
parece el estertor ronco de un herido olvidado
junto a un charco de sangre, bajo un montón de muertos,
y que muere, sin moverse, entre inmensos esfuerzos.

LXXV

Spleen

Pluvioso,* irritado contra la ciudad
entera, de su urna a grandes oleadas vierte un lúgubre frío
en los pálidos habitantes del vecino cementerio
y derrama muerte sobre los barrios brumosos.
Mi gato en el cojín haciéndose una cama
agita sin descanso su cuerpo flaco y sarnoso;
el alma de un viejo poeta vaga en la gotera
con la voz lamentable de un fantasma friolero.

El bordón se queja, y la leña ahumada
acompaña en falsete al reloj resfriado,
mientras que en un juego lleno de sucios perfumes,

herencia desdichada de una hidrópica vieja,
la bella sota de corazones y la reina de picas
charlan siniestramente de sus amores muertos.

* Nombre del quinto mes del calendario republicano francés. Va del 20 de enero al 19 de febrero.

LXXVI
Spleen

Guardo más recuerdos que si tuviera mil años.

Un mueble grande con cajones repleto de balances,
de versos, cartas de amor, sumarios y romances,
con espesos cabellos enrollados en recibos,
guarda menos secretos que mi triste cerebro.
Es una pirámide, un sepulcro inmenso,

que contiene más muertos que una fosa común.
—Soy un cementerio aborrecido de la luna,
donde, como remordimientos, se arrastran largos gusanos
que siempre se ceban en mis muertos más queridos.
Soy una vieja cómoda llena de rosas marchitas,
donde yace todo un montón de modas anticuadas,
donde los lastimeros cuadros al pastel y los pálidos Boucher*
exhalan, ellos solos, el olor de un frasco destapado.

Nada iguala en duración a las cojas jornadas,
cuando bajo los gruesos copos de los años nevosos
el hastío, fruto de la melancólica falta de curiosidad,
toma las proporciones de la inmortalidad.
—Desde ahora ya no eres, ¡oh materia viviente!,
más que una roca de granito rodeada de una ola espantada,
adormecida en el fondo de un Sáhara brumoso;

* François Boucher (1703-1770), pintor y decorador francés, protegido por Mme. Pompadour. Excelente proyectista de tapices. Temas mitológicos, bucólicos y alegóricos.

una vieja esfinge ignorada de un mundo indiferente,
olvidada en el mapa, y cuyo humor arisco
no canta más que bajo los rayos del sol poniente.

LXXVII

Spleen

Yo soy como aquel rey de un lluvioso país
rico pero impotente, joven y sin embargo muy viejo,
que, despreciando los saludos serviles de los preceptores,
se aburre con sus perros como con otras bestias.
Nada puede alegrarle, ni la caza, ni el halcón,
ni su pueblo muriéndose delante del balcón.
Del bufón favorito la grotesca balada
no desarruga ya el ceño de este cruel enfermo:
su lecho blasonado en tumba se convierte,
y las damas que le rodean, para quienes todo príncipe es bello,

no saben ya encontrar un impúdico atuendo
que arranque una sonrisa de este joven esqueleto.
El sabio que le fabrica oro no ha podido nunca
extirpar de su ser el elemento corrompido,
y en esos baños de sangre que nos vienen de los Romanos,
y de los que se acuerdan los poderosos cuando llegan a viejos,
no ha logrado avivar a este cadáver alelado
por quien fluye agua verde del Leteo en lugar de sangre.

LXXVIII

Spleen

Cuando el cielo bajo y grávido pesa como una losa
sobre el gimiente espíritu presa de largos tedios,
y el horizonte abrazando todo el círculo
nos vierte un día negro más triste que las noches;

cuando la tierra se ha convertido en un húmedo calabozo,
donde la Esperanza, como un murciélago,
golpeando los muros con sus tímidas alas
y chocando la cabeza con los techos podridos;

cuando la lluvia extiende sus inmensos regueros
imita los barrotes de una vasta prisión,
y un pueblo silencioso de infames arañas
viene a tender sus trampas en el fondo de nuestros cerebros,
saltan furiosamente repentinas campanas
y lanzan al cielo un aullido espantoso,
igual que los espíritus errantes y sin patria
que se ponen a gemir con porfía.

—Y grandes coches fúnebres, sin tambores ni música,
desfilan lentamente en mi alma; la Esperanza,
vencida, llora, y la Angustia atroz, despótica,
sobre mi cráneo inclinado planta su negro estandarte.

LXXIX
Obsesión

Grandes bosques, me aterráis como las catedrales;
aulláis como un órgano; y en nuestros corazones malditos,
cuartos de eterno duelo donde vibran antiguos estertores,
responden los ecos de vuestro *De profundis.*

¡Te aborrezco, Océano!, tus saltos y tus tumultos,
mi espíritu los descubre en él; esa risa amarga
del hombre vencido, llena de sollozos e insultos,
yo la oigo en la risa enorme del mar.
¡Cómo me gustarías, oh noche, sin estrellas
cuya luz habla un lenguaje sabido!
¡Pues yo busco lo vacío, lo negro y lo desnudo!

Mas las tinieblas son ellas mismas telones
donde viven, saltando de mis ojos a millares,
seres desaparecidos de miradas familiares.

LXXX

El gusto de la nada

¡Triste espíritu, en otro tiempo amante de la lucha,
la Esperanza, cuya espuela aviva tu ardor,
no quiere ya montarte! Tiéndete sin pudor,
viejo caballo cuyas patas tropiezan en cada obstáculo.

Resígnate, corazón mío; duerme tu sueño de bruto.

¡Espíritu vencido, extenuado! Para ti, viejo merodeador,
el amor no tiene ya gusto, ni tampoco la disputa;
¡adiós, pues, cantos del cobre y suspiros de la flauta!,
¡placeres, no tentéis ya a un corazón sombrío y gruñón!

¡La adorable Primavera ha perdido su olor!

Y el Tiempo me devora minuto a minuto,
como la nieve inmensa a un cuerpo entumecido;
contemplo desde lo alto la redondez del globo,
y ya no busco en él el abrigo de una choza.

Avalancha, ¿quieres llevarme en tu caída?

LXXXI

Alquimia del dolor

Uno te ilumina con su ardor,
otro pone en ti su duelo, ¡Naturaleza!
Lo que a uno dice: ¡Sepultura!,
dice a otro: ¡Vida y esplendor!
Hermes* ignoto que me asistes
y que siempre me intimidas,
tú me equiparas al rey Midas,**
el más triste de los alquimistas;

por ti yo cambio el oro en hierro
y el paraíso en infierno;
en el sudario de las nubes

descubro un cadáver querido,
y en las celestes riberas
levanto grandes sarcófagos.

* Dios olímpico. Zeus le nombró protector del comercio y mensajero de los dioses.

** Rey de Frigia. Dioniso le otorgó su mayor deseo: convertir en oro cuanto tocase, del que le liberó a petición propia. Personifica el ansia de riquezas.

LXXXII

Horror simpático

Desde ese cielo extraño y lívido,
como tu destino atormentado,
¿qué pensamientos a tu alma vacía
descienden?, responde, libertino.

—Insaciablemente ávido
de lo oscuro y de lo incierto,
no me quejaré como Ovidio
expulsado del paraíso latino.
Cielos destrozados como arenales,
mi orgullo en vosotros se mira;
vuestras vastas nubes enlutadas
son los coches fúnebres de mis sueños,
y vuestros fulgores son el reflejo
del Infierno donde mi corazón se queja.

LXXXIII

El heautontimorúmenos*

a J.G.F.

Te golpearé sin cólera
y sin odio, como un carnicero,
¡como Moisés la roca!
y haré de tus párpados,

para regar mi Sahara,
brotar las aguas del sufrimiento.
Mi deseo henchido de esperanza
en tus lágrimas saladas flotará

como un navío que emprende el rumbo,
y en mi corazón al que embriagarán
resonarán tus queridos sollozos
¡como un tambor que toca a la carga!

¿No soy un falso acorde
en la divina sinfonía,
por culpa de la voraz ironía
que me sacude y que me muerde?

* Término griego que da título a una comedia de Terencio. El término podría traducirse al castellano por «el verdugo de sí mismo».

¡Ella, la chillona, está en mi voz!
¡Este veneno negro es toda mi sangre!
¡Soy el siniestro espejo
donde la arpía se mira!

¡Soy la herida y el cuchillo!
¡Soy la bofetada y la mejilla!
¡Soy los miembros y la rueda,
la víctima y el verdugo!

De mi pecho soy yo el vampiro
—uno de esos grandes abandonados
a la risa eterna condenados,
¡y que ya no pueden sonreír!

LXXXIV

Lo irremediable

I

Una Idea, una Forma, un Ser,
salido del azul y caído
en un Estigio cenagoso y plomizo
donde ningún ojo del cielo ha penetrado;

un Ángel, imprudente viajero
que ha intentado amar a lo deforme,
en el fondo de una enorme pesadilla
debatiéndose como un nadador,
y luchando, ¡fúnebres angustias!,
contra sus tanteos futiles
que va cantando como los locos
y haciendo piruetas en las tinieblas;

un infeliz embrujado
en sus inútiles intentos
por huir de un lugar lleno de reptiles,
buscando la luz y la llave;

un condenado que desciende sin lámpara
al borde de un abismo cuyo olor
traiciona la húmeda profundidad,
de eternas escaleras sin barandilla,

donde velan unos monstruos viscosos
cuyos grandes ojos de fósforo

hacen la noche más negra aún
y no dejan visibles más que a ellos;

un navío atrapado en el polo,
como en una trampa de cristal,
buscando por qué estrecho fatal
ha caído en esta prisión;

—signos claros, cuadro exacto
de una suerte irremediable,
que hace pensar que el Diablo
¡siempre hace bien todo lo que hace!

II

¡Entrevista límpida y sombría
en la que un corazón se ha convertido
[en su espejo!,
pozo de Verdad, claro y negro,
donde tiembla una lívida estrella,

un faro irónico, infernal,
antorcha de gracias satánicas,
únicos alivio y gloria,
—¡la conciencia en el Mal!

LXXXV

El reloj

¡Reloj!, dios siniestro, espantoso, impasible,
cuyo dedo nos amenaza y nos dice: «*¡Recuerda!*»
Los vibrantes Dolores en tu corazón lleno de terror
se clavarán pronto como en una diana;

el Placer vaporoso huirá hacia el horizonte
lo mismo que una sílfide detrás del bastidor;
a cada instante te devora un pedazo de gozo
otorgado a cada hombre para toda su vida.
Tres mil seiscientas veces por hora, el Segundo
susurra: *¡Recuerda!* —Rápido con su voz
de insecto, Ahora dice: Yo soy el Antes,
y he chupado tu vida con mi inmunda trompa!

Remember!, ¡Recuerda!, ¡Pródigo!, *Esto memor!* *
(Mi garganta metálica habla todas las lenguas).
¡Los minutos, alocado mortal, son gangas
que no hay que dejar sin extraer su oro!

Recuerda que el Tiempo es un ávido jugador
que gana sin hacer trampas, ¡en todo lance!, es la ley.
Declina el día; aumenta la noche; ¡acuérdate!
El abismo siempre tiene sed; la clepsidra se vacía.

* ¡Recuerda!, en latín.

Y va a sonar la hora en que el divino Azar,
en que la augusta Virtud, tu esposa virgen aún,
en que el propio Arrepentimiento (¡oh, el postrero refugio!),
en que todo te dirá: «¡Muere, viejo cobarde! ¡Ya es muy tarde!»

CUADROS PARISIENSES

LXXXVI

Paisaje

Quiero para componer mis églogas más puras,
dormir cerca del cielo, como los astrólogos,
y, vecino de los campanarios, oír soñoliento
sus himnos solemnes arrastrados por el viento.
Con las manos en el mentón, desde mi buhardilla,
contemplaré el taller donde cantan y charlan;
las chimeneas, los campanarios, esos mástiles de la urbe,
y los cielos abiertos que hacen soñar con la eternidad.

Es dulce ver nacer, a través de la bruma,
la estrella en el azul, la luz en la ventana,
los ríos de carbón subir al firmamento
y la luna verter su blanco encantamiento.
Veré las primaveras, los veranos, los otoños;
y cuando con monótonas nieves llegue el invierno,
cerraré por doquier puertas y postigos
para construir por la noche mis mágicos palacios.
Entonces soñaré con azulados horizontes
con jardines, con surtidores que entre alabastro lloran,
con besos, con pájaros que cantan noche y día,
y con todo lo que el Idilio tiene de más infantil.
El Tumulto, gritando inútilmente contra mi cristal,
no me hará levantar del pupitre la frente;
pues estaré sumido en el deleite
de evocar a mi antojo la Primavera,

de sacar un sol de mi corazón, y de crear
con mis ardientes pensamientos una atmósfera templada.

LXXXVII

El sol

A lo largo del viejo arrabal, donde penden de las casuchas
las persianas, abrigo de secretas lujurias,
cuando el sol cruel golpea con rayos redoblados,
la ciudad y los campos, los tejados y los trigos,
salgo a ejercitar mi fantástica esgrima,
husmeando por todos los rincones los azares de la rima,
tropezando en las palabras como en el empedrado,
topando a veces con versos hace tiempo soñados.

Este padre nutricio, que odia a los cloróticos,
despierta en los campos los versos como las rosas;
hace que se evaporen los problemas hacia el cielo,
y llena los cerebros y las colmenas de miel.
Él es quien rejuvenece a los que andan con muletas,
y les hace alegres y dulces como muchachas,
¡y el que manda a las mieses crecer y madurar
en el corazón inmortal que siempre quiere florecer!

Cuando, igual que un poeta, baja a las ciudades,
ennoblece la suerte de las cosas más viles,
y entra como un rey, sin ruido y sin criados,
en todos los hospitales y en todos los palacios.

LXXXVIII

A una mendiga pelirroja

Blanca niña pelirroja,
cuyo vestido por sus agujeros
la pobreza deja ver
y la belleza,

para mí, poeta pobre,
tu joven cuerpo enfermizo,
todo de pecas cubierto
tiene su dulzura.

Llevas más galantemente
que una reina de novela
sus coturnos de velludo
tus pesados zuecos.

En vez de unos harapos demasiado cortos,
que un soberbio vestido cortesano
arrastre con pliegues ruidosos y largos
sobre sus pies;

y en vez medias rotas,
que para los ojos de los taimados
en tu pierna un puñal de oro
reluzca aún;

que unos nudos mal atados
muestren para nuestros pecados
tus dos bellos pechos, radiantes
como ojos;

que para desnudarte
tus brazos se hagan rogar
y ahuyenten con golpes traviesos
los dedos traviesos,

perlas del agua más bella,
sonetos del maestro Belleau*
por tus rendidos galanes
sin cesar ofrecidos,

pandillas de rimadores
te dedicarían sus primicias
al contemplar tu zapato
bajo la escalera,

más de un paje entusiasmado por el azar,
¡más de un señor y más de un Ronsard,**
espiarían por lo que llevo dicho
tu fresco retiro!

¡Contarías en tus lechos
más besos que flores de lis
y pondrías bajo tus leyes
a más de un Valois!***

---

* Rémy Belleau, poeta francés del siglo XVI.
** Pierre de Ronsard (1524-1585), poeta francés. Exponente destacado de la Pléiade, fue reconocido como *prince de poètes*.
*** Dinastía que reinó en Francia después de los Capetos y hasta la entronización de los Borbones (1328-1589).

—Sin embargo, vas mendigando
algún viejo resto tirado
en el umbral de algún Véfour*
de encrucijada;

vas mirando de reojo
joyas de veintinueve céntimos
que yo no puedo, ¡oh, perdón!,
regalarte.

Ve, pues, sin otro adorno,
perfume, perlas, diamante,
que tu flaca desnudez,
¡oh belleza mía!

* Conocido restaurante de París, que hoy todavía existe.

LXXXIX
El cisne

A Victor Hugo

I

¡Andrómaca* pienso en ti! Este pequeño río,
pobre y triste espejo donde antaño brillara
la inmensa majestad de tus dolores de viuda,
este falso Simois** que creció con tus lágrimas,

de pronto mi memoria fértil ha fecundado
cuando yo cruzo el nuevo Carrusel.***
El viejo París ya no existe (la forma de una ciudad
cambia más pronto, ¡ay!, que el corazón de un mortal);

Sólo en espíritu veo todo aquel campo de barracas,
aquellos montones de capiteles devastados y de fustes,
las hierbas, los grandes bloques verdeados por el agua de
[los charcos,
y, brillando en los cristales, el baratillo confuso.

Allí hubo antes una casa de fieras;
allí vi una mañana, a la hora en que bajo los cielos

* Esposa de Héctor.
** Río de Asia Menor, cuyo curso desviado hizo que se confundiera con el Escamandro.
*** Plaza de París que se encuentra delante del Louvre.

fríos y claros se despierta el Trabajo, en que el muladar
exhala un sombrío huracán en el aire silencioso,

un cisne que de su jaula se había escapado,
y, con sus patas palmeadas frotando el seco pavimento,
por el áspero suelo arrastraba su blanco plumaje,
cerca de un arroyo seco el animal abriendo el pico

bañaba nerviosamente sus alas en el polvo,
y decía, con el corazón lleno de su bello lago natal:
«Agua, ¿cuándo lloverás?, ¿cuándo tronarás, rayo?»
Veo a ese infeliz, mito extraño y fatal,
hacia el cielo a veces, como el hombre de Ovidio,*
hacia el cielo irónico y cruelmente azul,
sobre su cuello convulsivo tendiendo su ávida cabeza,
¡como si dirigiese reproches a Dios!

II

¡París cambia!, ¡pero nada en mi melancolía
se ha movido! Nuevos palacios, andamios, bloques,
viejos barrios, todo para mí es alegórico,
y mis queridos recuerdos son más pesados que las rocas.

También ante el Louvre una imagen me angustia:
pienso en mi gran cisne, con sus gestos dementes,

---

* Hace alusión a un verso de las *Metamorfosis* de Ovidio, que dice así: «El Creador dio al hombre un rostro vuelto hacia el cielo, para que pudiera contemplarlo frente a frente».

como los desterrados, ridículo y sublime,
¡y roído de un deseo sin tregua! Y luego en ti,

Andrómaca, de los brazos de un gran esposo caída,
vil res, en la mano del soberbio Pirro,
junto a una tumba vacía en éxtasis doblada;
¡viuda de Héctor, ¡ay!, y esposa de Héleno!

Pienso en la mujer negra, enflaquecida y tísica,
pisoteando el barro, y buscando, con mirada salvaje,
los cocoteros ausentes de la soberbia África
detrás de un muro inmenso de bruma;

en cualquiera que haya perdido lo que no ha de
[encontrar
¡nunca!, ¡nunca!, ¡en los que sacian su sed con llantos
y maman de la Pena como de una loba buena!,
¡en los delgados huérfanos secándose como flores!

¡También en la selva donde mi espíritu se destierra
un viejo Recuerdo suena con el aliento pleno del
[corazón!
Pienso en los marineros en una isla olvidados,
en los cautivos, en los vencidos... ¡y en muchos otros
[también!

XC

Los siete viejos

A Victor Hugo

¡Ciudad hormigueante, ciudad llena de sueños,
donde en pleno día el espectro atrapa al que pasa!
Por doquier fluyen los misterios como savia
en los estrechos canales del coloso potente.

Una mañana, en tanto que en la sombría calle
las casas, cuya altura la niebla acrecentaba,
parecían las dos orillas de un río crecido,
y, decorado semejante al alma de un actor,

una niebla sucia y amarilla inundaba el espacio,
seguía yo, tensando los nervios como un héroe,
y discutiendo con mi alma ya fatigada,
por el viejo barrio sacudido por los pesados volquetes.

De repente surgió ante mí un anciano cuyos amarillentos
[harapos
imitaban el color de aquel cielo lluvioso,
y cuyo aspecto hubiera hecho llover limosnas,
de no ser por la malicia que brillaba en sus ojos.

Se hubiera dicho que sus pupilas estaban untadas
de hiel; su mirada hacía más fría la escarcha,
y su barba, de largo pelo, tiesa como una espada,
era igual que la de Judas.

No iba encorvado, sino roto, su espinazo
formaba con su pierna un perfecto ángulo recto,
de forma que su bastón, completando su aspecto,
le daba la figura y el paso torpe

de un cuadrúpedo lisiado o de un judío con tres patas.
Pisoteaba obstinado la nieve y el barro
como si aplastara muertos con sus zapatos,
más hostil que indiferente hacia el universo.

Otro igual le seguía: barba, ojos, espalda, bastón y andrajos,
nada les distinguía, de infierno igual venido,
a este gemelo centenario, y estos espectros estrambóticos
iban con paso igual hacia un fin desconocido.

¿En qué infame complot estaba, pues, envuelto,
o qué maligno azar así me humillaba?
¡Porque conté siete veces, minuto tras minuto,
a aquel siniestro viejo que se multiplicaba!

Quien se ría de mi inquietud
y quien no se sienta preso de un temblor fraterno,
considere que, a pesar de tanta decrepitud,
¡aquellos siete horribles monstruos tenían un aire inmortal!
¿Iba a poder contemplar, sin morirme, al octavo
Sosias inexorable, irónico y fatal,
repugnante Fénix, hijo y padre de sí mismo?
—Pero yo di la espalda al cortejo infernal.

Exasperado como un ebrio que ve doble,
volví a casa, cerré la puerta, horrorizado,

enfermo y pasmado de frío, con el espíritu febril y, turbado,
¡herido por el misterio y por el absurdo!

En vano mi razón pretendía agarrar el timón;
la tempestad jugando confundía sus esfuerzos,
¡y mi alma bailaba y bailaba como gabarra vieja
sin mástiles, en un mar monstruoso y sin límites!

XCI
Las viejecitas

A Victor Hugo

En los sinuosos rincones de las viejas capitales,
donde todo, incluso el horror, reviste cierto hechizo,
obedeciendo a mis fatales humores, acecho
a unos seres singulares, decrépitos y encantadores.

Antaño estos quebrados monstruos fueron mujeres,
¡Eponina* o Lais**! Monstruos rotos, torcidos,
jorobados. ¡Amémosle! Todavía son almas.
Bajo las enaguas agujereadas bajo fríos tejidos

se arrastran frageladas por los cierzos inicuos,
temblando ante el estrépito rodante de los ómnibus,
y apretando en su costado, igual que una reliquia,
un bolsito bordado con flores o jeroglíficos.

Van trotando, parecen marionetas;
se arrastran como si fueran bestias heridas,
o bailan, sin querer, cual pobres cascabeles
¡sacudidos por un Demonio cruel! Aun rotas

como están, tienen ojos que perforan igual que una barrena,

---

* Heroína gala del siglo I, que ayudó a su esposo en una insurrección y que fue ejecutada junto a él por los romanos.
** Fue una cortesana griega.

brillantes como los agujeros en donde duerme el agua
[por la noche;
tienen los ojos divinos de la niña
que se asombra y sonríe con todo cuanto luce.

—¿Habéis visto que muchos ataúdes de ancianas
son casi tan pequeños como el de un niño?
La sabia Muerte hace de la semejanza de estos féretros
un símbolo de un gusto extraño y cautivador,

y cuando entreveo a un débil fantasma
cruzando el cuadro hormigueante de París,
me parece siempre que esa frágil criatura
camina muy despacio hacia una nueva cuna;

a menos que, meditando sobre la geometría,
no calcule, ante el aspecto de esos miembros discordes,
cuántas veces es necesario que el obrero varíe
la forma de la caja que acogerá a esos cuerpos.
—Esos ojos son pozos formados por un millón de lágrimas,
crisoles que un metal ya enfriado cubrió de lentejuelas…
¡Esa mirada extraña tienen encantos irresistibles
para quien fue nutrido por el austero Infortunio!

II

Vestal* enamorada del antiguo Frascati**
sacerdotisa de Talía,*** ¡ay!, cuyo nombre sólo sabe

---

* Doncella romana, consagrada al culto de la diosa Vesta, cuya misión era mantener encendido el fuego sagrado en su templo.
** Casa de juego en París, cerrada en 1837.
*** Musa griega de la comedia y de la poesía ligera.

el apuntador ya enterrado; celebridad evaporada
a la que Tívoli* hace tiempo sombreada en su flor,
¡todas me encantan!, pero entre esos seres frágiles
hay quienes, extrayendo miel del dolor,
han dicho a la Abnegación que les daba sus alas:
«¡Hipógrifo poderoso, llévame al cielo!»

Una, por su patria, vivió en la desgracia;
otra, por su esposo, fue abrumada de dolores;
otra, por su hijo, traspasada en Madona,
¡todas habrían podido hacer un río con sus lágrimas!

III

¡Cuántas viejecillas, ¡ay!, de esas he seguido!
Una de ellas a la hora en que el sol declinante
ensangrienta el cielo con rojas heridas,
pensativa, se sentaba en un banco apartado,

para oír uno de esos conciertos, ricos en metal,
con que los soldados a veces inundan nuestros parques,
y que, en esas tardes de oro en las que uno renace,
vierten un cierto heroísmo en el corazón de los ciudadanos.

Áquella, tiesa aún, fiera y sintiendo la ordenanza,
absorbía ávidamente ese canto vivo y guerrero;
sus ojos se abrían a veces como los de un águila vieja;
¡su frente de mármol parecía hecha para los laureles!

* Nombre de un lugar de atracciones donde se hacía baile, este parque estuvo de moda durante la Restauración.

IV

Así vais caminando, estoicas y sin quejas,
a través del caos de las ciudades vivientes,
madres de corazón sangrante, cortesanas o santas,
cuyos nombres antaño todos conocían.

¡A vosotras que fuisteis la gracia o la gloria,
ya nadie os reconoce! Un borracho incívico
al pasar os insulta con su amor irrisorio;
tras vosotras brinca un chiquillo cobarde y vil.
Avergonzadas de existir, sombras muy encogidas,
perezosas, encorvadas, vais pegadas a los muros;
y nadie os saluda, ¡raro destino!,
¡restos de la humanidad maduros para la eternidad!

Pero yo que, de lejos, tiernamente os vigilo,
con la mirada inquieta, fija en vuestros pasos inseguros,
como si fuera, ¡oh maravilla!, vuestro padre,
gusto a vuestras espaldas placeres clandestinos:

veo cómo crecen vuestras pasiones novicias;
luminosos u oscuros, vuestros días perdidos;
¡mi corazón multiplicado disfruta con todos vuestros vicios!,
¡mi alma resplandece con todas vuestras virtudes!

¡Ruinas!, ¡familia mía!, ¡oh cerebros congéneres!,
¡os doy todas las noches un adiós solemne!,
¿dónde estaréis mañana, Evas octogenarias,
sobre quienes gravita la garra implacable de Dios?

XCII

Los ciegos

¡Míralos, alma mía, son realmente horroroso!
Parecen maniquíes, vagamente grotescos,
terribles, singulares igual que los sonámbulos;
lanzando no sé a dónde sus globos tenebrosos.

Sus ojos, de los que surgió la chispa divina,
como si miraran a lo lejos, alzados quedan
hacia el cielo; nunca se les ve inclinar hacia el suelo
su pesada cabeza con aire soñador.

Atraviesan así lo negro ilimitado,
ese hermano del eterno silencio. ¡Oh ciudad!,
mientras que a nuestro alrededor cantas, ríes y gritas,

prendada del placer hasta la saciedad,
¡mira!, ¡yo también me arrastro!, aunque más necio que ellos,
me digo: ¿Qué buscan en el Cielo todos esos ciegos?

XCIII

A una que pasa

La calle aturdidora aullaba en torno a mí.
Alta, esbelta, de luto riguroso, dolor majestuoso,
una mujer pasó, con mano fastuosa
levantando, el festón y el dobladillo agitaba;

ágil y noble, con sus piernas de estatua.
Yo bebía, crispado de un modo extravagante,
en sus ojos, lívido cielo donde germina el huracán,
la dulzura que fascina y el placer mortal.

Un relámpago… ¡y la noche otra vez! —Fugitiva beldad
cuya mirada me ha hecho de pronto renacer,
¿no volveré ya a verte más que en la eternidad?

¡En otra parte, lejos, ¡demasiado tarde!, ¡tal vez *nunca!*
Pues no sé a dónde huyes y tú no sabes dónde voy,
¡oh tú a quien hubiese amado, oh tú que lo sabías!

XCIV

El esqueleto labrador

I

En las planchas de anatomía
que cuelgan en los muelles polvorientos
donde más de un libro cadavérico
duerme como una momia antigua,

dibujos a los que la gravedad
y el saber de un antiguo artista,
aunque el asunto sea triste,
han transmitido la Belleza,

se ve, lo que hace más completos
a estos misteriosos horrores,
cavando igual que labradores,
a Despellejados y Esqueletos.

II

De ese terreno que removéis,
patanes resignados y fúnebres,
con todo el esfuerzo de vuestras vértebras,
o de vuestros músculos pelados,

decidme, ¿qué extraña cosecha,
forzados arrancados al osario,
obtenéis, y de qué granjero
el granero habéis de llenar?

¿Queréis (¡de un destino demasiado duro
emblemas horribles y claros!)
demostrar que ni en la fosa misma
el sueño prometido es seguro;

que respecto a nosotros la Nada es traidora;
que todo, incluso la Muerte, nos miente,
y que sempiternamente,
¡ay!, deberemos tal vez

en algún país desconocido
que destripar la tierra áspera
y empujar un pesado arado
con nuestro pie sangrante y desnudo?

XCV

El crepúsculo de la tarde

Ved la encantada noche, amiga del criminal;
viene como un cómplice, con andares de lobo; el cielo
se cierra lentamente como una gran alcoba,
y se transforma en bestia todo hombre impaciente.
Oh noche, amable noche, deseada por aquél
cuyos brazos, sin mentir, pueden decir: ¡Hoy
hemos trabajado! Es la noche que calma
a las almas devoradas por un dolor salvaje,
al sabio obstinado cuya frente se nubla,
y al obrero encorvado que retoma la cama.
Sin embargo, demonios malignos en la atmósfera
se despiertan lentamente, como hombres de negocios,
y al volar golpean los postigos y el alero.
A través de las luces que atormenta el viento

se enciende la Prostitución en las calles;
como un hormiguero abre sus salidas;
un culto camino hace por todas partes
igual que el enemigo que intenta una emboscada;
se mueve en el seno de la ciudad fangosa
como un gusano que hurta al Hombre lo que come.
Se oye aquí y allá silbar a las cocinas,
gritar en los teatros, retumbar las orquestas;
las redondas mesas de juego que hacen las delicias,
se llenan de busconas y de estafadores, sus cómplices,
y los ladrones, sin tregua ni descanso,
pronto van a empezar, también ellos su oficio
y a forzar suavemente las puertas y las cajas fuertes
para vivir unos días y vestir a sus amantes.

Recógete, alma mía, en este grave instante,
y cierra tus oídos a todo este rugido.
¡Es la hora en todos los enfermos se agravan!
La sombría Noche les aprieta la garganta, acaban
su destino y van a parar a la sima común;
se llena el hospital de sus suspiros. —Más de uno
no volverá ya a buscar la sopa olorosa,
junto al fuego, de noche, cerca de un alma amada.

¡La mayor parte de ellos jamás ha conocido
el dulzor del hogar y jamás ha vivido!

XCVI
El juego

En sillones raídos, viejas cortesanas,
pálidas, con las cejas pintadas, la mirada mimosa y fatal,
coqueteando y dejando de sus finas orejas
caer un tintineo de piedra y de metal;

en torno de los verdes tapetes rostros sin labios,
labios descoloridos, mandíbulas desdentadas,
y los dedos temblando por una fiebre infernal,
hurgando en los bolsillos vacíos o en el seno palpitante;

bajo los sucios techos una fila de pálidas arañas
y de enormes quinqués dando sus luces
en las frentes fúnebres de poetas ilustres
que vienen a derrochar sus sangrientos sudores;

éste es el negro cuadro que en un sueño nocturno
vi desenvolverse ante mis ojos clarividentes.
Yo mismo, en un rincón del silencioso antro,
me contemplé acodado, frío, mudo, envidiando,

envidiando la pasión obsesiva de esas gentes,
la fúnebre alegría de esas viejas rameras,
¡y todos traficando alegremente en mi cara,
el uno con su rancio honor, la otra con su belleza!

Y mi corazón se asustó de envidiar a tantos pobres hombres
corriendo con fervor hacia el abismo abierto,
y que, hartos de su sangre, preferían en suma
¡el dolor a la muerte y el infierno a la nada!

XCVII

Danza macabra

A Ernest Christophe

Cual viviente, orgullosa de su noble estatura,
con su gran ramillete, su pañuelo y sus guantes,
tiene la dejadez y la desenvoltura
de una flaca coqueta de aspecto extravagante.

¿Se vio nunca en el baile un talle más delgado?
Su falda exagerada, con su real amplitud,
cae abundante sobre su seco pie que aprieta
un zapato pomposo, lindo como una flor.

El encaje que rodea y enmarca las clavículas,
como un lascivo arroyo que se pega a la roca,
defiende con pudor de ridículas bromas
los fúnebres encantos que pretende ocultar.

Sus profundos ojos forman vacío y tinieblas,
y su cráneo, tocado con artísticas flores,
oscila blandamente sobre frágiles vértebras.
¡Oh encanto de una nada locamente atildada!

Dirán algunos que eres una caricatura,
que, amantes ebrios de carne, jamás han comprendido
la elegancia sin nombre de la armadura humana.
¡Tú colmas, esqueleto, mis gustos más secretos!

¿Vienes a turbar, con tu imponente mueca,
la fiesta de la Vida?, ¿o algún viejo deseo
estremeciendo aún tu osamenta viviente,
te empujas, crédula, al aquelarre del Placer?
Al son de los violines, al brillo de las velas,
¿esperas ahuyentar tu burlona pesadilla,
y vienes a pedir a un torrente de orgías
que refresque el infierno encendido en tu corazón?

¡Inagotable pozo de sandez y de faltas!,
¡inmortal alambique del antiguo dolor!,
a través de la reja curva de tus costillas
contemplo, errante aún, el áspid insaciable.

A decir verdad, temo que tu coquetería,
no encuentre un premio digno de tamaños esfuerzos;
¿qué corazón mortal puede entender la broma?
¡Del horror los encantos sólo al fuerte emborrachan!

El abismo de tus ojos, lleno de ideas horribles,
dan vértigo, y los danzarines prudentes
no contemplarán sin una náusea amarga
la sonrisa eternal de tus treinta y dos dientes.

Pero, ¿quién no ha abrazado jamás a un esqueleto,
y quién no se ha nutrido con cosas del sepulcro?
¿Qué importa el perfume, el vestido o el tocado?
Quien se asquea revela que creía hermoso.

Bayadera sin nariz, buscona irresistible,
di a esos danzarines que se sienten ofuscados:

«Muñecos orgullosos, a pesar del carmín y los polvos,
¡todos oléis a muerto! ¡Oh esqueletos perfumados,

Antínoos* marchitos, dandys de rostro imberbe
cadáveres maquillados, seductores canosos,
el temblor general de la danza macabra
os arrastra a lugares que no son conocidos!

Desde los fríos muelles del Sena a las ardientes orillas
[del Ganges
el rebaño mortal salta y ríe, sin ver
por un agujero del techo la trompeta del Ángel
siniestramente abierta como un negro trabuco.

En todo clima, bajo todo sol, la Muerte admira
tus contorsiones, risible Humanidad,
y, como tú, a menudo, perfumada de mirra,
¡confunde su ironía con tu imbecilidad!»

---

* Joven griego, famoso por su belleza.

XCVIII

El amor de mentira

Cuando te veo pasar, mi querida indolente,
al canto de los instrumentos que se quiebra en el techo,
suspendiendo tu lento caminar armonioso
y paseando el tedio de tu mirar profundo;

cuando contemplo, a la luz del gas que la colorea,
tu blanca frente, bella por un mórbido atractivo,
donde las antorchas de la noche encienden una aurora,
y tus ojos fascinantes, como los de un retrato,
me digo: ¡Qué bella es!, ¡y qué extrañamente fresca!
La corona el macizo recuerdo, regia y pesada torre,
y su corazón, maltrecho como una fruta,
está maduro, al igual que su cuerpo, para un amor sabio.

¿Eres fruto otoñal de sabores soberanos?
¿Eres vaso fúnebre que espera recoger algunas lágrimas,
perfume que hace soñar con lejanos oasis,
almohada acariciante, o cestillo de flores?

Sé que hay ojos, los más melancólicos,
que no esconden ni un preciado secreto;
bellos estuches sin joyas, medallones sin reliquias,
más vacíos, más hondos que vosotros, ¡oh Cielos!

¿Pero no es suficiente que seas la apariencia,
para alegrar a un corazón que huye de la verdad?
¿Qué importa tu estupidez o tu indiferencia?
Máscara o adorno, ¡salud! Adoro tu belleza.

XCIX

Nunca he olvidado muy cerca de nuestra ciudad,
nuestra blanca casa, pequeña pero tranquila;
su Pomona* de yeso y su antigua Venus
escondiendo sus miembros desnudos en un pobre bosque,
y el sol, por la tarde, radiante y espléndido,
que, tras el cristal donde se rompía su haz,
parecía, como un gran ojo abierto en el cielo curioso,
contemplar nuestras largas y silenciosas comidas,
esparciendo largamente sus bellos reflejos de cirio
sobre el frugal mantel y las bastas cortinas.

* Ninfa tan celebrada por su belleza, como por su habilidad en cultivar los jardines y árboles frutales. Todos los dioses campestres se disputaban su conquista.

C

A la sirvienta* de gran corazón de quien celos tenía
y que duerme su sueño bajo un humilde césped,
sin embargo deberíamos llevarle algunas flores.
Los muertos, los pobres muertos, tienen grandes dolores,
y cuando octubre sopla, podando viejos árboles,
su viento melancólico en torno a sus mármoles,
no creen a los vivos seres indiferentes,
por dormir, como hacen, calientes bajo sus mantas,
mientras ellos, devorados por sus negros ensueños,
sin compañía en el lecho, sin agradables charlas,
viejos esqueletos helados que devora el gusano,
sienten cómo gotean las nieves del invierno
y cómo pasa el siglo, sin amigos ni familia
que cambien los jirones que penden de su reja.
Si una tarde, cuando el tizón se queja y canta,
la viera, tranquila, sentarse en el sillón,
si, en una noche azul y fría de diciembre,
la hallases encogida en un rincón de mi cuarto,
seria, y viniendo del fondo de su lecho eterno
a cuidar a este niño grande con sus maternales ojos,
¿qué podría responder a ese alma piadosa,
viendo caer lágrimas de su párpado hueco?

* Se refiere a una antigua sirvienta llamada Mariette, muy querida por Baudelaire y que se encargó de su educación.

CI
Nieblas y lluvias

¡Oh, finales de otoño, inviernos, primaveras enlodadas,
estaciones dormidas!, os amo y os alabo
por envolver así mi corazón y mi cerebro
con un ligero lienzo y una tumba imprecisa.
En esta gran llanura donde corre el ábrego helado,
donde en las largas noches la veleta chirría,
mi alma, mejor que en la tibia primavera,
extenderá ampliamente sus dos alas de cuervo.

Nada hay más dulce para el corazón lleno de cosas fúnebres,
sobre el que desde hace mucho desciende la escarcha,
oh pálidas estaciones, reinas de nuestros climas,

que el eterno aspecto de vuestras tenues tinieblas,
—a no ser, en una noche sin luna, emparejado,
adormecer el dolor en un lecho azaroso.

CII

Sueño parisiense

*A Constantin Guys**

I

De este paisaje tan terrible,
como jamás mortal ha visto,
la imagen aún esta mañana
vaga y lejana, me encantó.

¡El sueño está lleno de milagros!
Por un capricho singular
había desterrado de este espectáculo
al vegetal irregular,

y, pintor orgulloso de mi genio,
saboreaba en mi cuadro
la embriagadora monotonía
del metal, del mármol y del agua.

Babel de escaleras y arcadas,
era un palacio infinito,
lleno de estanques y cascadas
cayendo en el oro mate o bruñido;

y caudalosas cataratas,
como cortinas cristalinas,

* Dibujante francés (1805-1892), amigo de Baudelaire.

se suspendían, relucientes,
de las murallas metálicas.
En vez de árboles, columnas
rodeaban los estanques dormidos,
donde gigantescas náyades
como mujeres, se contemplaban.

Capas de agua corrían, azules,
entre muelles verdes y rosas,
a durante millones de leguas,
hacia los confines del universo;

¡había piedras increíbles
y mágicos flujos; había
inmensos hielos deslumbrados
por todo lo que reflejaban!

Indiferentes y taciturnos,
en el firmamento, unos Ganges
vertían el tesoro de sus urnas
en abismos de diamante.

Arquitecto de mis hechizos,
hacía, a mi voluntad,
bajo un túnel de pedrería
pasar un océano domado.

y todo, incluso el color negro,
parecía enlucido, claro, irisado;
el líquido engarzaba su gloria
en el rayo cristalizado.

Además, ¡ningún astro ni vestigio
de sol, ni incluso bajo el cielo,
iluminaban estos prodigios
¡que brillaban con su propio fulgor!

Y sobre estas maravillas en movimiento
volaba (¡terrible novedad!,
¡todo para la vista, nada para el oído!)
un silencio de eternidad.

II

Al volver a abrir mis ojos ardientes
vi el horror de mi cuchitril,
y sentí que entraba de nuevo en mi alma
el aguijón de las malditas preocupaciones;

el reloj, con fúnebre acento,
daba brutalmente el mediodía,
y el cielo vertía tinieblas
sobre este triste mundo abotargado.

CIII
Crepúsculo matutino

Cantaba la diana en los patios de los cuarteles
y el viento matinal soplaba en las linternas.

Era la hora en que el enjambre de maléficos sueños
retuerce en sus almohadas a los morenos adolescentes;
cuando, como un ojo sangrante que palpita y se agita,
la lámpara echa sobre el día una mancha roja;
en que el alma, bajo el peso del cuerpo duro y macizo,
imita los combates de la lámpara y del día.
Como un rostro lloroso que las brisas enjugan,
el aire se estremece con las cosas que se esfuman,
y el hombre se siente cansado de escribir y la mujer de amar.

Aquí y allá las casas empiezan a humear
Las mujeres del placer, con los párpados lívidos,
dormían con la boca abierta un estúpido sueño;
las pobres, arrastrando sus senos flacos y fríos,
soplaban en sus tizones y se soplaban los dedos.
Era la hora en que, entre el frío y la miseria,
se agravan los dolores de las que van de parto;
como un sollozo cortado por una sangre espumosa,
el canto del gallo a lo lejos desgarraba la bruma;
un mar de niebla bañaba los edificios,
y los agonizantes dentro de los hospicios
lanzaban su último aliento con hipos desiguales.
Volvían los trasnochadores a sus casas, heridos por su labor.

La aurora tiritando con su traje rosa y verde

avanzaba lentamente sobre el Sena desierto,
y el sombrío París, frotándose los ojos,
empuñaba sus útiles, anciano laborioso.

EL VINO

CIV

El alma del vino

Cantaba una noche, el alma del vino en las botellas:
«¡Hombre, hacia ti envío, oh querido desheredado,
bajo mi prisión de cristal y mis lacres bermejos,
un canto de luz y de fraternidad!

Sé cómo es necesario, en la colina en llamas,
penar, sudar y un sol ardiente
para engendrar mi vida y darme un alma;
mas no seré yo ingrato ni malhechor,

pues siento un gozo inmenso cuando caigo
en la garganta de un hombre rendido por su trabajo,
y su cálido pecho es una dulce tumba
que me complace más que mis frías bodegas.

¿Oyes tú resonar los cantos del domingo
y la esperanza que gorjea en mi seno palpitante?
De codos en la mesa y con las mangas dobladas,
me glorificarás y tú estarás feliz;

Yo encenderé los ojos de tu amada esposa;
devolveré a tu hijo su fuerza y sus colores
y seré para ese frágil atleta de la vida,
el aceite que endurece los músculos de los luchadores.

¡En ti caeré, vegetal ambrosía,
grano precioso arrojado por el Sembrador eterno,
para que de nuestro amor nazca la poesía
que se alzará hacia Dios como una rara flor!»

CV

El vino de los traperos

A veces, a la luz roja de un farolito
al que el viento azota la llama y agita el cristal,
en el corazón de un viejo arrabal, laberinto fangoso
donde la humanidad bulle en tormentosos fermentos,

se ve venir a un trapero, con la cabeza agachada,
tropezando y chocando con las paredes, como un poeta,
y sin que le preocupen los soplones, que son sus súbditos,
ensancha el corazón con gloriosos proyectos.

Presta juramentos, dicta leyes sublimes,
abate a los perversos, las víctimas redime,
y bajo el firmamento, tal dosel suspendido
se embriaga con el esplendor de su propia virtud.

Sí, esta gente acosada por problemas domésticos,
molidos por el trabajo y atormentados por la edad,
derrengados y hurgando debajo de un montón de desechos,
que vomita confusos el enorme París,

regresan perfumados con olor de toneles,
seguidos de compañeros blanqueados en las batallas,
cuyos bigotes cuelgan como viejas banderas.
Los estandartes, las flores y los arcos triunfales

ante ellos se levantan, ¡oh magia solemne!,
y en la ensordecedora y luminosa orgía
de los clarines, del sol, de los gritos y del tambor,
¡proclaman la gloria al pueblo ebrio de amor!

De este modo la frívola Humanidad cruzando,
el vino arrastra oro, Pactolo* deslumbrante;
en la garganta del hombre canta sus hazañas
e impera por sus dones cual verdadero rey.

Para ahogar el rencor y vencer la indolencia
de todos estos viejos malditos que mueren sin gritar,
Dios, preso de remordimientos, el sueño había hecho;
¡y el Hombre añadió el Vino, sagrado hijo del Sol!

* Río de Frigia cuyas aguas arrojaban oro. Esta riqueza la debían a Midas.

CVI

El vino del asesino

Mi mujer ha muerto, ¡ya soy libre!
Ahora puedo beber hasta saciarme.
Cuando volvía a casa sin un céntimo,
sus gritos me desgarraban las entrañas.

Soy tan dichoso como un rey
el aire es puro y admirable el cielo…
Tuvimos un verano igual
¡cuando me enamoré de ella!

La horrible sed que me desgarra
para saciarse necesita
todo el vino que cupiera
en su tumba; —lo que ya es decir:

la he arrojado al fondo de un pozo,
y he lanzado incluso sobre ella
todas las piedras del brocal.
—¡La olvidaré si puedo!

En nombre de los juramentos de ternura
de los que nada nos puede dispensar,
y para reconciliarnos
como en los buenos tiempos de nuestra embriaguez,

yo imploré de ella un cita
de noche, en un camino oscuro.
¡Ella acudió! —¡loca criatura!
¡Todos estamos más o menos locos!

¡Hermosa estaba todavía
aunque muy cansada! ¡y yo
la amaba demasiado! por eso
le dije: ¡Vete de esta vida!

Nadie puede entenderme. ¿Uno solo
de estos estúpidos borrachos
ha pensado en sus mórbidas noches
en hacer un sudario del vino?

Esta crápula invulnerable
como las máquinas de hierro
nunca, ni en verano ni en invierno,
conoció el verdadero amor.

Con sus negros encantamientos,
su cortejo infernal de alarmas,
sus frascos de veneno, sus llantos,
¡sus ruidos de cadenas y huesos!

—¡Heme aquí libre y solitario!
Esta noche estaré totalmente borracho
entonces, sin miedo y sin remordimientos,
en el suelo me tumbaré,

¡y me dormiré como un perro!
La carreta de pesadas ruedas
cargada de piedras y de lodo,
o la vagoneta rabiosa pueden muy bien

aplastar mi cabeza culpable
o cortarme por la mitad,
¡me burlo de ellas, igual que de Dios,
del Diablo o de la Santa Mesa!

CVII

El vino del solitario

La singular mirada de una mujer galante
que llega hasta nosotros como el blanco rayo
que la luna ondulante manda al lago estremecido
cuando quiere bañar en él su indolente hermosura;

la última bolsa de escudos en los dedos de un jugador;
un beso libertino de la esbelta Adelina;
los sones de una música que enerva y que fascina,
parecida al grito lejano del humano dolor,

todo ello no vale, oh profunda botella,
a los bálsamos penetrantes que tu panza fecunda
reserva al corazón alterado del piadoso poeta;

tú le das la esperanza, la juventud y la vida,
—¡y el orgullo, ese tesoro de toda la miseria,
que nos hace triunfantes e iguales a los Dioses!

CVIII

El vino de los amantes

¡Espléndido es hoy el espacio!
¡Sin frenos, sin espuelas y sin bridas,
partamos a caballo sobre el vino,
por un cielo mágico y divino!

Como los ángeles a los que tortura
una implacable calentura,
¡en el cristal azul de la mañana
sigamos la imagen lejana!

Suavemente mecidos en las alas
de un torbellino inteligente,
en un delirio paralelo,

nadando juntos, hermana mía,
¡huiremos sin tregua ni reposo
hacia el paraíso de mis sueños!

CIX
La destrucción

El Demonio se agita sin cesar a mi lado;
nada a mi alrededor como un aire impalpable;
lo respiro y siento que quema mis pulmones
y los llena de un ansia eterna y culpable.

Sabiendo lo mucho que me gusta el Arte, toma a veces
la forma de la mujer más seductora,
y con especiales e hipócritas pretextos,
acostumbra mis labios a filtros infames.

Lejos de la mirada de Dios me ha conducido,
jadeante y deshecho de cansancio,
al centro de los llanos del Tedio, profundos y desiertos,

y arroja ante mis ojos llenos de confusión
vestiduras manchadas, heridas entreabiertas,
¡y el sangriento aparato de toda Destrucción!

CX

Una mártir

Dibujo de un maestro desconocido

En medio de frascos y de telas costosas
y muebles voluptuosos,
mármoles, cuadros, ropas perfumadas
que caen en pliegues suntuosos,

en una alcoba tibia donde, como en un invernadero,
de aire peligroso y fatal,
donde ramos que agonizan en sus féretros de vidrio
exhalan su último suspiro,

un cadáver sin cabeza derrama, como un río,
en la almohada empapada
una sangre roja y viva, que las telas absorben
con la avidez de un prado.

Similar a las visiones pálidas que produce la sombra
y que los ojos nos apresan,
la cabeza, con la madeja de sus crines sombrías
y sus joyas preciosas,

en la mesa de noche descansa como un ranúnculo;
y, vacía de pensamientos,
una mirada blanca y vaga parecida al crepúsculo
se escapa de sus ojos en blanco.

En el lecho, el tronco desnudo enseña sin escrúpulos
en completo abandono

el secreto esplendor y la fatal belleza
que la naturaleza le dio;

en la pierna una media rosa, y bordada de oro
ha quedado en la pierna como un recuerdo;
la liga, al igual que un ojo secreto que llamea
lanza una mirada diamantina.

El singular aspecto de esta soledad
y un gran retrato lánguido,
de ojos y actitud provocadores,
revelan un amor tenebroso,

una dicha culpable y unas fiestas extrañas
llenas de besos infernales,
gozaba el enjambre de ángeles malos
que nadan en los pliegues de las cortinas;

y sin embargo, al ver la fina elegancia
de esa espalda de roto contorno,
la cadera un tanto pronunciada y el talle vivaracho,
como un irritado reptil,

¡ella es aún muy joven! —Su alma exasperada
y sus sentidos donde hizo mella el tedio,
¿se habían entreabierto al sediento tropel
de deseos errantes y perdidos?

El hombre vengativo a quien, en vida, no pudiste
saciar, ni con todo tu amor,
¿colmó en tu carne inerte y complaciente
la inmensidad de su deseo?

¡Responde, cadáver impuro, y por tus trenzas rígidas!,
levantándote con un brazo febril
dime, cabeza horrible ¿en tus dientes fríos
dejó su adiós definitivo?

—Lejos del mundo impuro, de la gente burlona,
de los curiosos magistrados
duerme en paz, duerme en paz, extraña criatura
en tu sepulcro misterioso.

tu esposo corre por el mundo, y tu forma inmortal
vela junto a él cuando duerme;
sin duda que tanto como tú te será fiel
y constante hasta la muerte.

CXI

Mujeres condenadas

En la arena tumbadas cual rumiante ganado,
vuelven sus ojos hacia horizonte del mar,
sus pies se buscan y sus manos cercanas
tienen dulces desmayos y temblores amargos.

Las unas, corazones que aman las largas confidencias,
en el fondo del bosque donde murmuran los arroyos,
deletrean el amor de su infancia medrosa
y hacen marcas en el verde tronco de los árboles tiernos;

las otras, como hermanas, marchan lentas y graves
a través de las rocas llenas de apariciones,
donde vio San Antonio surgir como la lava
los senos desnudos y purpúreos de sus tentaciones;

las hay que a la luz de resinas chorreantes
en el mudo agüero de viejos antros paganos
te llaman en ayuda de sus fiebres aulladoras;
¡oh, Baco, que adormeces los antiguos remordimientos!

Y otras cuyos cuellos aman los escapularios,
que escondiendo un látigo bajo sus largas ropas,
mezclan, en el bosque sombrío y las noches solitarias,
la espuma del placer con lágrimas de tormentos.

Oh vírgenes, oh demonios, oh mártires, oh monstruos,
grandes espíritus que despreciáis la realidad,
ansiosas de infinito, sátiras y devotas,
ya llenas de gritos, ya llenas de llantos,

vosotras que a vuestro infierno mi alma os ha
[acompañado,
pobres hermanas, os amo al tiempo que os tengo
[compasión,
por vuestras tristes penas, vuestra sed insaciable,
y las urnas de amor que colman vuestro corazón!

CXII

Las dos buenas hermanas

La Lujuria y la Muerte son buenas muchachas,
pródigas en besos y ricas en salud,
cuyo vientre siempre virgen y revestido de harapos,
pese a la eterna tarea, jamás fructificó.

Al poeta siniestro, enemigo de las familias,
favorito del infierno, cortesano de rentas escasas,
tumbas y lupanares muestran bajo sus enramadas
un lecho que nunca frecuentó el remordimiento.

Y el féretro y la alcoba pródigas en blasfemias
por turno nos ofrecen, como buenas hermanas,
terribles placeres y espantosas dulzuras.

Lujuria de brazos inmundos ¿cuándo quieres enterrarme?
¿Cuándo vendrás, oh Muerte, su rival en encantos,
a injertar en sus mirtos infectos tus negros cipreses?

CXIII

La fuente de sangre

A veces me parece que mi sangre fluye
lo mismo que una fuente de rítmicos sollozos.
Yo la escucho correr con un largo murmullo,
pero yo me palpo en vano para encontrar la herida.

Por la ciudad, lo mismo que en un campo cerrado,
se extiende, transformando las baldosas en islas,
apagando la sed de todas las criaturas
y tiñendo a la naturaleza de rojo por doquier.

A menudo he pedido a los vinos capciosos
que adormezcan un día el terror que me mina;
¡y hace mi ojo más claro y más fino el oído!

En el amor un sueño de olvidos he buscado
¡mas para mí el amor es un colchón de agujas
para dar de beber a estas crueles muchachas!

CXIV

Alegoría

Es una hermosa mujer de generoso escote,
que deja su cabellera arrastrar por su vino.
Las garras del deseo y los venenos del garito,
todo resbala y todo rebota en su piel de granito.
Se ríe de la Muerte y se mofa de la Lujuria,
esos monstruos cuya mano, que siempre desgarra y siega,
ha respetado, sin embargo, en sus juegos destructores
la ruda majestad de este cuerpo firme y recto.
Anda como una diosa y reposa como una sultana;
en el placer conserva la fe del mahometano,
y a sus brazos abiertos, donde resaltan sus pechos,
convoca con los ojos a la raza de los hombres.
Ella piensa, ella sabe (esta estéril virgen
necesaria sin embargo para la marcha del mundo)
que la belleza del cuerpo es un sublime don
que consigue el perdón de todas las infamias.
Desconoce tanto el Infierno como el Purgatorio,
y cuando llegue el tiempo de entrar en la negra Noche,
contemplará la faz de la Muerte,
como un recién nacido, —sin odio y sin remordimiento

CXV

La Beatriz

Por cenicientas tierras, sin verdor, calcinadas,
un día en que me quejaba a la naturaleza,
y de mi pensamiento, que vagaba al azar,
clavándome lentamente sobre mi corazón el puñal,
vi en pleno mediodía bajar sobre mi cabeza
un fúnebre nubarrón de tormenta,
que portaba a un tropel de demonios viciosos,
parecidos a enanos crueles y curiosos.
Se pusieron a mirarme fríamente,
y, como transeúntes admirados de un loco,
les oí reír y cuchichear entre sí,
intercambiando guiños y señales:

—«Contemplemos a gusto a esta caricatura,
a esta sombra de Hamlet que imita su postura,
la mirada indecisa y los cabellos al viento.
¿No os da lástima ver a este vividor,
a este bribón, a este histrión de vacaciones, a este pícaro,
que, porque sabe representar su papel,
pretende que se interesen por el canto de sus dolores
las águilas, los grillos, los arroyos y las flores,
y hasta nosotros, autores de estos temas antiguos,
recitándonos a gritos sus públicas tiradas?»

Habría podido (mi orgullo, tal alto como un monte,
a la nube domina y al grito de los demonios)
volver simplemente mi soberana cabeza,
si no hubiese visto entre su obscena tropa,

¡crimen que no ha hecho extinguirse al sol!,
a la reina de mi corazón, de mirada sin igual,
que se reía con ellos de mi angustia sombría
y a veces les hacía una sucia caricia.

CXVI

Un viaje a Citerea

Mi corazón, volaba, alegre como un pájaro
y se cernía libremente alrededor de los cordajes;
se balanceaba el navío bajo un cielo sin nubes,
como un ángel embriagado de un sol radiante.

¿Qué isla es tan negra y triste? Es Citerea,
—nos dicen— un país famoso en las canciones,
Eldorado trivial de todo solterón.
Mirad, después de todo, es una tierra pobre.

¡Isla de dulces secretos y de cordiales fiestas!
El soberbio fantasma de la antigua Venus
vuela como un perfume sobre tu mar,
y llena los espíritus de amor y languidez.

¡Bella isla de verdes mirtos, llena de abiertas flore,s
venerada siempre por todos las naciones,
donde los suspiros de los corazones en adoración
flotan como el incienso sobre un jardín de rosas

o como el eterno arrullo de una paloma torcaz!
—Citerea no era ya más que un territorio mezquino,
un desierto turbado por chillones gritos.
¡Sin embargo, entreveía un singular objeto!

No era un templo de sombras boscosas,
donde la joven sacerdotisa, amante de las flores,
con el cuerpo ardiendo de calores secretos,
entreabría su ropa a las brisas pasajeras;

pero he aquí que al pasar la costa tan de cerca
que turbamos a los pájaros con nuestras blancas velas,
vimos que era una horca con tres brazos,
negra como un ciprés, lo que se destacaba en el cielo.

Feroces aves posadas sobre su pasto
destruían con rabia a un ahorcado maduro,
hundiendo el pico impuro, igual que una herramienta
en todo los huecos sangrientos de aquella podredumbre;

los ojos eran dos agujeros, y de su vientre abierto
le colgaban los pesados intestinos sobre los muslos,
mientras sus verdugos, saciados de atroces delicias,
le habían castrado por completo a fuerza de picotazos.

A los pies, un tropel de celosos cuadrúpedos,
con el hocico alzado, daba vueltas al acecho;
en medio se agitaba una bestia más grande
como un ejecutor rodeado de sus ayudantes.

Habitante de Citerea, hijo de un hermoso cielo,
en silencio sufrías esos ultrajes
en expiación de tus cultos infames
y de los pecados que te han prohibido la tumba.

¡Ridículo ahorcado, tus dolores son los míos!
Ante el aspecto de tus miembros flotando, sentí,
como un vómito, subir hasta mis dientes
el largo río de hiel de los antiguos dolores;

ante ti, pobre diablo de tan caro recuerdo,
he sentido todos los picos y todas las mandíbulas,

de cuervos punzantes y de panteras negras
que antaño disfrutaban triturando mi carne.

El cielo era encantador y el mar estaba en calma;
pero para mí todo era negro y sangrante ya,
¡ay!, y mi corazón me parecía envuelto
con esta alegoría, como con un espeso sudario.

En tu isla, oh Venus, no encontré en pie
más que una horca simbólica de la cual colgaba mi imagen...
—¡Ah, Señor!, ¡concédeme el valor y la fuerza
para contemplar sin repugnancia mi corazón y mi cuerpo!

CXVII

El amor y el cráneo

Viñeta antigua

El Amor se sienta en el cráneo
de la Humanidad
y en este trono el profano,
de risa descarada,

sopla alegremente redondas burbujas
que suben en el aire,
como para unirse a los mundos
al fondo del éter.

El globo luminoso y frágil
toma un gran impulso,
estalla y escupe su tenue alma
como un sueño de oro.

Oigo el cráneo en cada burbuja
que ruega y que gime,
«¿Este juego feroz y ridículo
cuando acabará?

¡Pues lo que tu boca cruel
esparce en el aire,
monstruo asesino, es mi cerebro,
mi sangre y mi carne!»

REBELIÓN

CXVIII

La negación de San Pedro

¿Qué hace Dios ante esa oleada de anatemas
que todos los días asciende hasta sus queridos Serafines?
Como un tirano harto de viandas y de vinos,
se duerme al dulce son de nuestras horribles blasfemias.

Los sollozos de los mártires y de los ajusticiados
son sin duda una sinfonía embriagadora,
ya que, a pesar de la sangre que cuesta su voluptuosidad,
¡los cielos no se han saciado aún!

—¡Ah! ¡Jesús, recuerda el Huerto de los Olivos!
En tu simplicidad rezabas de rodillas
a aquel que en su cielo se reía del ruido de los clavos
que en tus carnes clavaban los innobles verdugo,

cuando viste escupir en tu divinidad
la chusma de guardias y cocineros,
y cuando sentiste hundirse las espinas
en tu cráneo donde vivía la inmensa Humanidad;

cuando el horrible peso de tu cuerpo quebrado
alargaba tus brazos distendidos, y tu sangre
y tu sudor corrían por tu pálida frente,
cuando fuiste expuesto ante todos como un blanco,

¿pensabas en aquellos días tan brillantes y hermosos
en que viniste a cumplir la eterna promesa,
cuando recorrías, montado en una mansa pollina,
los caminos alfombrados de flores y de ramos,

cuando con el corazón henchido de esperanza y valor,
azotabas con fuerza a aquellos viles mercaderes,
en fin, cuando fuiste maestro? ¿Es que el remordimiento
no pasó tu costado mucho antes que la lanza?
—En cuanto a mí, saldré en verdad satisfecho
de un mundo en el que la acción no es hermana del sueño,
¡ojalá pueda yo usar la espada y morir por la espada!
San Pedro renegó de Jesús… ¡muy bien hecho!

CXIX

Abel y Caín

I

Raza de Abel, duerme, bebe y come;
Dios te sonríe complaciente.

Raza de Caín, en el fango
arrástrate y muere miserablemente.

Raza de Abel, tu sacrificio
¡agrada al olfato del Serafín!

Raza de Caín, tu suplicio
¿acabará alguna vez?

Raza de Abel, ves tus simientes
tus siembras y tu ganado;

Raza de Caín, tus entrañas
de hambre aúllan igual que un perro viejo.

Raza de Abel, calienta tu vientre
en tu hogar patriarcal;

Raza de Caín, en tu antro
tiembla de frío ¡pobre chacal!

Raza de Abel, ¡ama y prolifera!,
tu oro también hace hijos;

Raza de Caín, ardiente corazón,
guárdate de esos grandes apetitos.

Raza de Abel, tú creces y roes
¡como las chinches la madera!

Raza de Caín, por los caminos
lleva a tu familia acorralada.

II

¡Ah!, raza de Abel, tu carroña
¡abonará el suelo humeante!

Raza de Caín, tu tarea
no está del todo concluida.

Raza de Abel, para tu vergüenza
¡las cadenas fueron vencidas por el venablo!

Raza de Caín, sube al cielo,
¡y arroja a Dios sobre la tierra!

CXX

Las letanías de Satán

Oh tú, el más sabio y bello de los Ángeles,
Dios traicionado por la muerte y privado de alabanzas,

¡Oh, Satán, ten piedad de mi larga miseria!

Oh Príncipe del exilio, a quien se ha agraviado,
y que, vencido, siempre te vuelves a levantar más fuerte,

¡Oh, Satán, ten piedad de mi larga miseria!

Tú que todo lo sabes, gran rey de las cosas subterráneas,
familiar curandero de las angustias humanas,

¡Oh, Satán, ten piedad de mi larga miseria!
Tú que, hasta a los leprosos y a los parias malditos,
enseñas mediante el amor el sabor del Paraíso,

¡Oh, Satán, ten piedad de mi larga miseria!

Oh tú que de la Muerte, tu vieja y fuerte amante,
engendras la Esperanza,— ¡esa adorable loca!

¡Oh, Satán, ten piedad de mi larga miseria!

Tú que das al proscrito esa mirada alta y calma
que a todo un pueblo en torno de un cadalso condena,

¡Oh, Satán, ten piedad de mi larga miseria!

Tú que sabes en qué rincón de las tierras ansiosas
el Dios celoso escondió sus piedras preciosas,

¡Oh, Satán, ten piedad de mi larga miseria!

Tú cuya mirada clara conoce los profundos arsenales
donde duerme amortajado el pueblo de los metales,

¡Oh, Satán, ten piedad de mi larga miseria!

Tú cuya extendida mano oculta los precipicios
al sonámbulo errante al borde del edificio,

¡Oh, Satán, ten piedad de mi larga miseria!

Tú que, mágicamente, sanas los viejos huesos
del borracho rezagado al que pisan los caballos,

¡Oh, Satán, ten piedad de mi larga miseria!

Tú que, para consolar al frágil que sufre,
nos enseñas a mezclar salitre con azufre,

¡Oh, Satán, ten piedad de mi larga miseria!

Tú que pones tu marca, oh cómplice sutil,
en la frente del Creso despiadado y vil,

¡Oh, Satán, ten piedad de mi larga miseria!

Tú que pones en el corazón y los ojos de las muchachas
el culto a las heridas y el amor a los harapos,

¡Oh, Satán, ten piedad de mi larga miseria!

Báculo del desterrado, lámpara del inventor,
confesor del ahorcado y del conspirador,

¡Oh, Satán, ten piedad de mi larga miseria!

Padre adoptivo de esos que en su negra cólera
Dios Padre expulsó del Paraíso terrenal,

¡Oh, Satán, apiádate de mi enorme miseria!

Oración

¡Gloria a ti y alabanza, Satán, en las alturas
del Cielo, donde reinas, y en las profundidades
del Infierno, donde, vencido, sueñas en silencio!
¡Haz que mi alma un día, bajo el Árbol de la Ciencia,
repose junto a ti, en la hora en que sobre tu frente
se expanden sus ramajes como un Templo nuevo!

LA MUERTE

CXXI

La muerte de los amantes

Tendremos lechos llenos de ligeros olores,
divanes profundos como tumbas,
sobre las repisas flores insólitas,
abiertas para nosotros bajo cielos más bellos.

Usando a porfía sus últimos ardores,
nuestros corazones serán dos grandes antorchas,
que reflejarán sus dobles luces
en nuestros espíritus, espejos gemelos

Una tarde hecha de rosa y de místico azul,
intercambiaremos un único rayo,
como un largo suspiro repleto de adioses;

y más tarde un Ángel, entreabriendo las puertas,
vendrá a reanimar, fiel y gozoso,
los espejos turbios y las llamas muertas.

CXXII

La muerte de los pobres

La Muerte nos consuela, ¡ay!, y nos hace vivir;
es la meta de la vida, y la única esperanza
que, como un elixir, nos eleva y embriaga,
dándonos el valor de llegar a la noche;

a través de la nieve, la tormenta y la escarcha,
es la vibrante luz de nuestro negro horizonte;
es el famoso albergue inscrito en el libro,*
donde poder comer, descansar y dormir;

es un Ángel que tiene en sus dedos magnéticos,
el sueño y el don de los ensueños extáticos,
y que arroja la cama a pobres y a desnudos;

es la gloria de los Dioses, es el místico granero,
es la bolsa del pobre y su patria prometida,
¡es la puerta abierta a los Cielos ignotos!

* Se refiere a la Biblia.

CXXIV

La muerte de los artistas

¿Cuántas veces habré de agitar mis cascabeles
y besar tu baja frente, triste caricatura?
Para dar en el blanco, de místico carácter,
¿cuántos, oh mi carcaj, dardos debo perder?

Emplearemos nuestra alma en sutiles intrigas,
y demoleremos más de una pesada armadura,
antes de ver a la gran Criatura
¡cuyo infernal deseo nos llena de sollozos!

Hay quienes nunca conocieron a su Ídolo,
y a esos escultores condenados y marcados por el oprobio,
que se golpean la frente y el pecho,

no les queda otra esperanza, ¡extraño y sombrío
[Capitolio!*
sino que la Muerte, planeando como un sol nuevo,
¡haga que se abran las flores de su cerebro!

* Templo y ciudadela de Roma edificada sobre la roca Tarpeya. En este famoso templo hacían los cónsules y demás magistrados los sacrificios al encargarse del mando: en él se hacían los votos públicos; se prestaba el juramento de fidelidad a los emperadores; y aquellos a quienes se había concedido el honor del triunfo bajaban de su carro para ofrecer sus sacrificios.

CXXIV

El fin de la jornada

Bajo una pálida luz
corre, baila y se retuerce sin razón
la Vida, impúdica y chillona.
Así, tan pronto como en el horizonte

sube la noche voluptuosa,
apaciguando todo, incluso el hambre,
borrándolo todo, incluso la vergüenza,
el Poeta se dice: «¡Por fin!;

mi espíritu, como mis vértebras,
invoca ardientemente el reposo;
con el corazón lleno de fúnebres ensueños,

voy a acostarme boca arriba
y a enrollarme en vuestras cortinas,
¡oh refrescantes tinieblas!»

CXXV

El sueño de un curioso

*A.F.N.**

¿Conoces, como yo, el sabroso dolor,
y haces decir de ti: «¡Qué hombre singular!»?
—Iba a morir. En mi alma amorosa había
un mal particular, un deseo mezclado con horror;

angustia y viva esperanza, sin humor sedicioso.
Mientras del reloj fatal la arena iba cayendo
más áspera y deliciosa era mi tortura;
lodo mi corazón se desprendía del mundo familiar.

Era como el niño ansioso de ver un espectáculo,
que odia el telón como se odia un obstáculo...
Por fin se reveló la verdad fría:

había muerto sin extrañeza, y la terrible aurora
me rodeaba. —¡Y qué!, ¿era eso todo?
El telón se había alzado y yo esperaba aún.

* Las iniciales corresponden a Félix Nadar, fotógrafo francés y gran amigo de Baudelaire. Fue el retratista más famoso de su época y el primero en obtener unas fotografías aéreas, desde un globo.

CXXVI

El viaje

A Maxime Du Camp

I

Para el niño, amante de mapas y grabados,
el universo iguala a su vasto apetito.
¡Ah, qué grande es el mundo a la luz de las lámparas!,
¡qué pequeño es el mundo a los ojos del recuerdo!

Una mañana partimos, con el cerebro en llamas,
el corazón cargado de rencor y de amargos deseos,
y, nos vamos, siguiendo el ritmo de las olas
meciendo nuestro infinito sobre el infinito mar:

unos, contentos por abandonar una patria infame;
otros, por huir del horror de sus cunas, y no faltan
astrólogos ahogados en los ojos de una mujer,
la tiránica Circe* de aromas peligrosos.

Para no ser convertidos en bestias, se emborrachan
de espacio, de luz y de abrazados cielos;
el hielo que les muerde y el sol que les cubre,
van borrando despacio la señal de los besos.

---

* Maga legendaria que habitaba en la isla de Ea, según Homero. Convivió con Ulises y convirtió a sus compañeros en una piara de cerdos.

Pero son los viajeros de verdad los que parten
por partir; corazones ligeros, como los globos,
que nunca se apartan de su fatalidad,
y, sin saber por qué, dicen siempre: ¡Adelante!;
aquellos cuyos deseos tienen forma de nubes,
y que sueñan, como sueña el recluta con el cañón,
con inmensos deleites, ignotos y tornadizos,
¡cuyo nombre el espíritu humano nunca supo!

II

Imitamos, ¡qué horror!, al trompo y la pelota
en su baile y sus saltos; incluso en nuestros sueños
la Curiosidad nos atormenta y nos echa a rodar,
como un Ángel cruel que azotara los soles.

Fortuna singular, en la que el fin es móvil,
y, sin estar en parte alguna, ¡puede hallarse en
cualquiera!,
en la que el Hombre, cuya Esperanza, no le abandona nunca,
¡corre siempre alocado para hallar el reposo!

El alma es un navío en busca de su Icaria*
una voz resuena sobre el puente: «¡Abre mucho los ojos!»
y otra voz en la cofa, ardiente y loca, grita:
«¡Amor... gloria... alegría! ¡Demonio!, ¡es un escollo!»

Cada islote que anuncia quien hace de vigía
es siempre un Eldorado que el Destino promete;

* Comunidad utópica comunista imaginada por Cabet.

la Imaginación que prepara su orgía
sólo ve un arrecife al sol de la mañana.

¡Oh pobre enamorado de países quiméricos!
¿Habría que encadenar, que arrojar a la mar,
a ese marino ebrio, a ese inventor de Américas
cuyo espejismo vuelve más amargo el abismo?

Cual viejo vagabundo que el barro patea,
sueña, nariz al viento, con brillantes paraísos;
sus ojos embrujados descubren una Capua*
allí donde la vela sólo alumbra un cuchitril.

III

¡Asombrosos viajeros! ¡Qué nobles historias
leemos en vuestros ojos profundos como el mar!
Mostradnos en los estuches de vuestras ricas memorias
esas joyas maravillosas, hechas de astros y éteres.

¡Queremos viajar sin vapor y sin velas!
Para alegrar el tedio de nuestros calabozos,
haced que a nuestras almas, tendidas como velas,
pasen vuestros recuerdos con sus marcos de horizontes.

Decidnos, ¿qué habéis visto?

* Ciudad de Italia. Aliada de Aníbal, sucumbió a los romanos.

IV

«Hemos visto los astros
y olas; y arenales también;
y, a pesar de desastres y choques imprevistos,
a menudo nos hemos aburrido, igual que pasa aquí.

La gloria del sol sobre la mar violeta,
la gloria de las ciudades cuando el sol se ocultaba
encendían en nuestros corazones una agitada ansia
de hundirnos en un cielo de encantador reflejo.

Las más ricas ciudades, los paisajes más vastos,
jamás tuvieron el encanto misterioso
que ofrecen los que forma el azar con las nubes,
¡y siempre el deseo nos volvía el anhelo!

—Añade la fruición al deseo aún más fuerza.
¡Deseo, viejo árbol al que el placer abona,
mientras que tu corteza aumenta y se endurece,
tus ramas quieren ver al sol desde más cerca!

¿Crecerás siempre, gran árbol más vivaz
que el ciprés? —Sin embargo, con cuidado hemos hecho
ciertos diseños pensando en vuestro álbum voraz,
¡hermanos que halláis bello cuanto viene de lejos!
Hemos saludado a ídolos con trompa;
y tronos constelados de joyas luminosas;
y palacios labrados cuya mágica pompa
que de nuestros banqueros serían la ruina;

ropajes que son al delicia de los ojos,
mujeres con los dientes y las uñas teñidas,
y juglares expertos que la serpiente acaricia?»

V

¿Y qué más, y qué más?

VI

«¡Oh infantiles cerebros!
Para no olvidar la cosa capital,
vimos por todas partes, sin haberlo buscado,
de lo alto a lo bajo de la escala fatal,
el tedioso espectáculo del inmortal pecado:

la mujer, vil esclava, orgullosa y estúpida,
amándose sin risas y sin asco adorándose;
al hombre, tirano codicioso y duro libertino,
esclavo de la esclava y arroyo del albañal;

el verdugo que goza, el mártir que solloza;
la fiesta que sazona y perfuma la sangre;
el veneno del poder que enerva al déspota,
y el pueblo enamorado del látigo que embrutece;

diversas religiones iguales a la nuestra,
todas subiendo al cielo; la Santidad
que en un lecho de plumas se extiende un exquisito,
buscando su deleite en la crin y los clavos,

la Humanidad charlando, borracha de su genio,
y loca, igual ahora que lo fuese hace tiempo,
gritando a Dios en su agonía furiosa:
«¡Yo te maldigo, mi dueño y semejante!»

Y los menos idiotas, atrevidos amantes de la Demencia,
huyendo del rebaño que conduce el Destino,
¡se refugian en el inmenso opio!
—¡Tal es el lobo entero la eterna gaceta!»

VII

¡Amarga sabiduría que se adquiere en un viaje!
El mundo de hoy en día, monótono y pequeño,
de ayer, mañana y siempre, nos muestra nuestra imagen:
¡un oasis de horror en un desierto de tedio!

¿Hay que irse o quedarse? Si puedes, quédate;
parte, si debes. Uno corre y otro se agazapa
tratando de engañar a ese enemigo vigilante y funesto
¡que es el Tiempo! Existen, ¡ay!, corredores sin tregua,

como el Judío errante y como los apóstoles,
a quienes nada basta, ni vagón ni navío,
para huir de este infame reciario; hay otros
que consiguen matarlo sin salir de sus cunas.

Cuando al fin ponga el pie sobre nuestro espinazo,
podremos esperar y gritar: ¡Adelante!
Lo mismo que otras veces a la China partimos
la vista mar adentro, los cabellos al viento,

nos embarcamos sobre el mar de las Tinieblas
con el alma feliz de un joven pasajero.
Escuchad esas voces, encantadoras y fúnebres,
que cantan: «¡Por aquí, los que queráis probar

el Loto perfumado!* ¡Aquí es donde se vendimian
los frutos milagrosos que ansía vuestro espíritu!;
¡venid a emborracharos de la extraña dulzura
de esta tarde que nunca tiene fin!»
Su acento familiar nos descubre al espectro,
allí están nuestros Pílades tendiéndonos sus brazos.
«¡Si quieres refrescar tu corazón, ven nadando a tu Electra!»
dice aquélla cuyas rodillas besábamos en otro tiempo.

VIII

¡Oh Muerte! ¡Oh capitán! ¡Tiempo es ya! ¡Alzad el ancla!
Nos aburre esta tierra, ¡oh Muerte! ¡Aparejemos!
Si el cielo y el mar son negros cual la tinta,
¡nuestros corazones tú sabes que están llenos de rayos!

¡Vierte tu veneno y que él nos reconforte!
Hasta tal punto el fuego nuestros cerebros quema,
en el abismo hundirnos, ¿qué importa Infierno o Cielo?,
¡al fondo de lo Desconocido para encontrar *lo nuevo!*

* Según la leyenda, quien comía la raíz de loto olvidaba su vida anterior.

POEMAS CONDENADOS

I

Las joyas

La amada estaba desnuda, y, conociendo mi corazón,
no se había quedado más que con sus resonantes joyas,
cuyo rico atavío le otorgaba aspecto triunfante
que tienen en sus días felices las esclavas moras.

Cuando al bailar despide su ruido vivo y burlón
ese mundo radiante de metal y de piedra
me arrebata en éxtasis, y con furor adoro
las cosas en que luz y sonido se mezclan.

Estaba, pues, tendida y se dejaba amar,
y sobre su diván de gozo sonreía
a mi amor profundo y dulce como el mar,
que ascendía a ella como por un acantilado.

Con los ojos fijos en mí, como un tigre domado,
ensayaba poses con aire vago y soñador,
y el candor unido a la lubricidad
cobraba un encanto nuevo en sus metamorfosis;

y sus brazos y sus piernas, sus muslos y sus caderas,
pulidos cual aceite, ondulantes como un cisne,
pasaban ante mis ojos clarividentes y serenos;
y su vientre y sus senos, esos racimos de mi viña,

avanzaban más cálidos que los Ángeles del mal,
para turbar el descanso en que mi alma estaba sumida,
y para arrancarle de la roca de cristalina
donde, tranquila y sola, se hallaba sentada.

Creía ver unidas por un nuevo dibujo
las caderas de Antíope al busto de un imberbe,
de tal modo su talle hacía resaltar su pelvis.
¡Sobre su tez fiera y morena el afeite era soberbio!
—Y la lámpara que estaba resignada a morir,
como sólo la chimenea iluminaba la alcoba,
cada vez que daba un brillante suspiro,
¡inundaba de sangre su piel color de ámbar!

II

El Leteo*

Ven a mi corazón, alma cruel y sorda,
tigre adorado, monstruo de aires indolentes,
quiero hundir mis dedos temblorosos
en el espesor de tu tupida cabellera;

en tus enaguas llenas de tu perfume
sepultar mi cabeza dolorida,
y respirar, como una flor marchita,
el suave hedor de mi amor ya muerto.

¡Quiero dormir!, ¡dormir más que vivir!
En un sueño tan dulce como la muerte,
pondré mis besos sin remordimiento
en tu bello cuerpo pálido como el cobre.

Para hacer desaparecer mis amargos sollozos,
nada me sirve tanto como el abismo de tu lecho;
el poderoso olvido vive en tu boca,
y el Leteo se desliza en tus besos.

A mi destino, en adelante mi deleite,
me entregaré como un predestinado;
dócil mártir, condenado inocente,
cuyo fervor aviva el suplicio,

* Uno de los ríos del Infierno, sus aguas hacían olvidar el pasado a quien las bebía.

libaré, para anegar mi odio,
el nepente* y la buena cicuta
en los extremos encantadores de estos pechos agudos,
que nunca aprisionaron un corazón.

* Bebida con que los dioses se curaban de las heridas o los dolores, la cual también producía olvido, como las aguas del Leteo.

III

A la que es demasiado alegre

Tu cabeza, tu gesto, tu aire
son bellos como un bello paisaje;
la risa juega en tu rostro
cual viento fresco en cielo claro.

El transeúnte triste al que tú rozas
es deslumbrado por la salud
que brota cual la claridad
de tus brazos y de tus hombros.

Los colores estridentes
de que salpicas en tus atavíos,
lanzan en el espíritu de los poetas
la imagen de un ballet de flores.

Tus ropas son como el emblema
de tu espíritu abigarrado;
¡loca, que me has enloquecido,
¡te odio tanto como te quiero!

A veces en un bello jardín
donde arrastraba mi atonía,
he sentido, como una ironía,
que el sol mi pecho desgarraba;

y la primavera y el verdor
tanto han humillado mi corazón,
que he castigado en una flor
la insolencia de la Naturaleza.

Así, querría una noche,
a horas de voluptuosidad
ir al tesoro de tu cuerpo,
como un cobarde, reptar sin ruido,

para castigar tu carne alegre,
para maltratar tu seno perdonado,
y abrir en tu costado sorprendido
una herida larga y profunda,

y, ¡dulces vestigios!,
a través de estos nuevos labios,
más brillantes y más bellos,
infundirte mis venenos, ¡oh hermana!

IV
Lesbos

Madre de los juegos latinos y los deleites griegos,
Lesbos,* donde los besos, lánguidos o gozosos,
calientes como el sol, frescos como las sandías,
son el adorno de noches y días gloriosos;
madre de los juegos latinos y los deleites griegos.

Lesbos, donde los besos son como cascadas
que sin temor se arrojan en los abismos sin fondo,
y corren, entrecortados de sollozos y risas,
tormentosos y secretos, hormigueantes y hondos;
¡Lesbos donde los besos son como las cascadas!

Lesbos, donde las Frinés** se atraen una a la otra,
donde nunca un suspiro se queda sin un eco,
de igual forma que a Pafos*** las estrellas te admiran,
¡y Venus con razón puede envidiar a Safo!****
Lesbos, donde las Frinés se atraen una a la otra,
Lesbos, tierra de noches cálidas y lánguidas,
que hacen que en sus espejos, ¡estéril deleite!
las niñas de ojos hundidos, enamoradas de sus cuerpos,
acaricien los frutos ya maduros de su nubilidad;
Lesbos, tierra de noches cálidas y lánguidas,

---

* Isla de Grecia, en el Egeo.
** Cortesana griega, modelo de Praxíteles. Acusada de haber profanado los misterios de Eleusis, se desnudó ante sus jueces, quienes la absolvieron por su belleza.
*** Ciudad de Chipre.
**** Mujer de la ciudad de Lesbos, célebre por la belleza de su genio poético.

deja fruncir el ceño del austero Platón;
obtienes tu perdón del exceso de besos,
reina del dulce imperio, tierra noble y amable,
y de refinamientos por siempre inagotables.
Deja fruncir el ceño del austero Platón.

Obtienes tu perdón del eterno martirio,
infligido sin tregua a los corazones ambiciosos,
que aleja de nosotros la sonrisa radiante
¡vagamente entrevista al borde de otros cielos!
¡Obtienes tu perdón del eterno martirio!

¿Cuál de los Dioses osará ser tu juez, oh Lesbos?,
y condenar tu frente pálida por los trabajos,
si sus balanzas áureas no han pesado el diluvio
de lágrimas que en el mar vertieron tus arroyos?
¿Cuál de los Dioses osará ser tu juez, oh Lesbos?

¿Qué quieren de nosotros las leyes de lo justo y lo injusto?
Vírgenes de corazón sublime, honor del Archipiélago,
vuestra religión es augusta como cualquiera,
¡y el amor se reirá del Infierno y del Cielo!
¿Qué quieren de nosotros las leyes de lo justo y lo injusto?

Pues Lesbos de entre todos me ha elegido en la tierra
para cantar el secreto de sus floridas vírgenes,
y desde la infancia me inicié en el negro misterio
de las desenfrenadas risas mezcladas con los llantos sombríos;
pues Lesbos de entre todos me ha elegido en la tierra

y velo desde entonces en la cumbre del Léucate,*
igual que un centinela de ojo seguro y penetrante,
que acecha noche y día brick, tartana o fragata,
cuyas formas lejanas se agitan en el azul;
y velo desde entonces en la cumbre del Léucate,

para saber si el mar es indulgente y bueno,
y si entre los sollozos que en la roca resuenan,
una noche conducirá hacia Lesbos, que perdona
el cadáver adorado de Safo, que partió
¡para saber si el mar es indulgente y bueno!

De Safo la viril, la amante y la poetisa,
¡por su palidez triste más hermosa que Venus!
—¡Al ojo azul derrota el negro que mancha
el tenebroso cerco que trazan los dolores
de Safo la viril, la amante y la poetisa!

—Alzándose más hermosa que Venus sobre la tierra
y vertiendo el tesoro de su serenidad
y el brillo de su rubia juventud
sobre el viejo Océano prendado de su hija;
¡alzándose más hermosa que Venus sobre la tierra!

—De Safo que murió el día de su blasfemia,
cuando, insultando el rito y al inventado culto,
convirtió su hermoso cuerpo en el pasto supremo
de un bruto cuyo orgullo castigó la impiedad
de aquélla que murió el día de su blasfemia.

* Promontorio de la isla de Leucadia, del cual se precipitan los amantes no correspondidos.

Y Lesbos se lamenta desde entonces,
y, a pesar a los honores que le da el universo,
cada noche le embriaga la voz de la tormenta
¡que lanzan hacia el cielo sus orillas desiertas!
¡y Lesbos se lamenta desde entonces!

V
Mujeres condenadas
Delfina e Hipólita

A la pálida luz de lánguidas lámparas,
en profundos cojines impregnados de olor,
Hipólita soñaba con fuertes caricias
que alzaban la cortina de su joven candor.

Buscaba, con los ojos turbados por la tormenta
el cielo ya lejano de su inocencia,
al igual que un viajero que vuelve la cabeza
al azul horizonte que cruzó por la mañana.

Las perezosas lágrimas de sus ojos cansados,
el aspecto quebrado, el estupor, la triste voluptuosidad,
sus brazos derrotados, que colgaban como inútiles armas,
todo adornaba y servía a su frágil belleza.

Tendida a sus pies, tranquila y llena de alegría,
Delfina la comía con ojos muy ardientes,
como un fuerte animal que un presa vigila,
tras haberla marcado primero con los dientes.

La bella fuerte, arrodillada ante la bella frágil,
soberbia, aspiraba voluptuosamente
el vino de su triunfo, y se estiraba hacia ella,
como para recoger un dulce agradecimiento.

En lo ojos buscaba de su pálida víctima
el canto mudo que entona el placer,

y esa gratitud infinita y sublime
que sale de los párpados cual un largo suspiro.

—«Hipólita, alma mía, ¿qué dices a todo esto?
¿Comprendes ahora que no hay por qué ofrecer
el sagrado holocausto de tus primeras rosas
a los soplos violentos que las pueden marchitar?

Mis besos son ligeros como esas libélulas
que de noche acarician los lagos transparentes,
pero los de tu amante dejarán sus huellas
como lo de las carretas o los arados chirriantes;

pasarán sobre ti cual un pesado tiro
de caballos o bueyes con cascos despiadados…
Hipólita, ¡oh mi hermana! vuelve hacia mí tu rostro,
mi corazón, mi alma, mi todo y mi mitad,

¡vuelve hacia mí tus ojos azules y estrellados!
Por una de esas miradas fascinantes, bálsamo divino,
levantaré los velos del placer más turbio
y en un sueño sin fin te adormeceré.

Mas Hipólita entonces, alzando su joven cabeza:
—«Yo no soy nada ingrata y no me arrepiento,
Delfina, sufro y me siento inquieta,
como después de una terrible cena.

Siento cómo pesados miedos caen sobre mí
cual si negros batallones de fantasmas confuso,
quisieran llevarme por movedizas rutas
que un sangriento horizonte por todas partes cierra.

¿Es que hemos cometido alguna acción extraña?
Explícame, si puedes, mi turbación y mi espanto;
me estremezco de miedo cuando dices: "¡Mi ángel!",
y sin embargo siento que hacia ti va mi boca.

No me mires así, ¡oh pensamiento mío!
yo siempre te querré, mi hermana de elección,
¡aun cuando fueras una trampa tendida
y el comienzo seguro de mi condenación!»

Delfina sacudiendo su cabellera trágica
y como pateando, sobre el trípode férreo,
con mirada fatal y despótica voz, respondió:
—«¿Quién osa hablar delante del amor del infierno?

¡Maldito sea por siempre el soñador inútil
que por primera vez, en su imbecilidad,
apasionándose por un problema insoluble y estéril,
quiso mezclar con las cosas del amor la honestidad!

Aquel que quiera unir en un místico acorde
la sombra con la luz, la noche con el día,
jamás calentará su cuerpo paralítico
¡con ese rojo sol que llamamos amor!

Ve a buscar, si quieres, a un estúpido novio;
corre a ofrecer tu virgen corazón a sus besos crueles;
y llena de remordimientos y lívida de horror,
volverás a traerme tus seno con estigmas…

¡No se puede aquí abajo contentar más que a un amo!
Mas la niña, desahogando su inmenso dolor,

gritó de pronto: «¡Siento abrirse en mi ser
un abismo tremendo; y ese abismo es mi corazón!

¡Como un volcán ardiente, hondo como el vacío!
Nada podrá saciar a este monstruo que gime,
ni calmará la sed que le causa la Euménide*
al quemarle la sangre con la antorcha en la mano.

¡Que pesadas cortinas nos separen del mundo,
y que el agotamiento nos conduzca al descanso!
¡Quiero aniquilarme en tu honda garganta,
y encontrar en tu seno el frescor de las tumbas!»

—¡Descended, descended, lamentables víctimas,
descended por la senda del infierno eterno!
Hundíos en lo más hondo del abismo, donde todos los [crímenes,
azotados por un viento que no viene del cielo,

hierven confusamente con ruido de tormenta.
Sombras locas, corred hacia la meta de vuestros deseos;
nunca la rabia conseguiréis sanar,
y vuestro castigo nacerá de vuestros placeres.

Jamás un nuevo rayo alumbrara vuestras cavernas;
por las grietas de los muros febriles miasmas
se filtran y se encienden al igual que las linternas
penetran vuestros cuerpos de horribles perfumes.

* Una de las Furias de la mitología.

La estéril aspereza de vuestro goce
altera vuestra sed y os reseca la piel,
y el viento furibundo de la concupiscencia
hace restallar vuestra carne como una vieja bandera.

Lejos de los pueblos vivientes, errantes, condenadas,
a través del desierto corred, igual que lobos;
¡cumplid vuestro destino, desordenadas almas,
y huid al infinito que lleváis en vosotras!

VI
La metamorfosis del vampiro

La mujer entretanto, con su boca de fresa
retorciéndose igual que una serpiente en las brasas,
y moldeando los pechos por encima de los hierros del corsé,
decía estas palabras impregnadas de almizcle:
—«Tengo lo labios húmedos y domino la ciencia
de perder en un lecho la conciencia remota.
Seco todas las lágrimas en mis pechos triunfantes,
y hago al viejo reír con la risa del niño.
¡Para quien me ve desnuda y sin velos sustituyo
a la luna y al sol, al cielo y a las estrellas!
Cuando aprisiono un hombre con mis temidos brazos,
o cuando abandono mi busto a los mordiscos
tímidos, libertinos, delicados, robustos,
que sobre esos colchones, de emoción desmayados
los ángeles impotentes se condenarían por mí.

Cuando me hubo chupado toda la médula de los huesos
y yo lánguidamente me volvía hacia ella
para darle un beso de amor, ¡no vi más
que a otra de viscosos costados purulentos!
En mi helado terror, cerré los ojos,
y al abrirlos de nuevo en la vívida luz,
a mi lado, en lugar de un fuerte maniquí
que parecía haber hecho provisión de sangre,
en confusión temblaban desechos de esqueleto,
que producían un grito como el de una veleta
o cartel, al extremo de un vástago de hierro,
el viento balancea en las noches de invierno.

NUEVAS FLORES DEL MAL

I

Epígrafe para un libro condenado

Lector tranquilo y bucólico,
sobrio e ingenuo hombre de bien,
tira este libro saturnal,
orgiástico y melancólico.

Si no has estudiado retórica
con Satán, el astuto decano,
¡tíralo!, no entenderías nada,
o me creerías histérico.

Mas si, sin dejarse hechizar
tus ojos saben hundirse en los abismos,
léeme para aprender a amarme;

alma curiosa que sufres
y vas buscando tu paraíso,
¡tenme piedad!… Si no, ¡te maldigo!

II

Examen de medianoche

Dando el reloj la medianoche,
irónicamente nos impulsa
a recordar qué uso
hicimos del día que se marcha.
—Hoy, fecha fatídica,
viernes, trece, hemos llevado
a pesar de todo lo que sabemos,
la vida misma de un hereje.

¡Hemos blasfemado de Jesús,
de los Dioses el más indiscutible!
Como un parásito a la mesa
de cualquier monstruoso Creso,
para darle gusto a aquella bestia,
digno vasallo de los Demonios,
he insultado lo que amamos
y alabado a quien me rechaza;

entristecido, servil verdugo,
al débil al que desprecian;
saludado a la enorme Tontería,
la Tontería con frente de toro;
besado la necia Materia
con gran devoción
y de la putrefacción
la luz pálida hemos bendecido.

Finalmente, hemos, para ahogar
el vértigo en el delirio,

sacerdote orgulloso de la Lira,
cuya gloria reside en mostrar
la ebriedad de las cosas fúnebres,
¡he bebido sin sed y comido sin hambre!...
—¡Apagaré pronto la lámpara, para
esconderme en las tinieblas!

III

Madrigal triste

I

¿Qué me importa que sabia seas?
¡Sé bella y sé triste! Los lloros
añaden un encanto al rostro,
como el río al paisaje;
la tormenta rejuvenece a las flores.

Te amo sobre todo cuando la alegría
de tu frente abatida huye;
cuando tu corazón en el horror se ahoga;
cuando sobre tu presente se despliega
la horrible nube del pasado.
Te amo cuando tus grandes ojos vierten
un agua cálida como la sangre;
cuando, a pesar de que mi mano te acune,
tu angustia, demasiado densa, perfora
como un estertor de agonizante.

Aspiro, ¡deleite divino!,
¡himno profundo, delicioso!,
todos los gemidos de tu pecho,
y creo que tu corazón se ilumina
¡con las perlas que derraman tus ojos!

II

Sé que tu corazón, que rebosa
viejos amores desarraigados,
llamea aún como una fragua,
y que abrigas bajo tus senos
un poco del orgullo de los condenados;

pero, querida mía, hasta que tus sueños
el Infierno no hayan reflejado,
y hasta que en una pesadilla sin treguas,
soñando venenos y espadas,
de hierro y de polvo enamorada,

no abriendo a nadie más que con temor,
viendo la desgracia por todas partes,
convulsionándote cuando da la hora,
no hayas sentido el abrazo
del Tedio irresistible,

no podrás, esclava reina,
que sólo me amas con espanto,
en el horror de la noche malsana
decirme con el alma llena de gritos:
«¡Soy igual a ti, oh mi Rey!»

IV

A una malabaresa

Tus pies son tan finos como tus manos, y tu cadera
es ancha para causar envidia a la más blanca;
para el artista pensativo tu cuerpo es dulce y querido;
tus grandes ojos de terciopelo son más negros que tu carne.
En los países cálidos y azules donde tu Dios te ha hecho
[nacer,
tu tarea es encender la pipa de tu amo,
llenar los jarrones de agua fresca y de aromas,
espantar lejos del lecho a los mosquitos molestos,
y, desde que la mañana hace cantar a los plátanos,
comprar en el mercado piñas y bananas.
Todo el día, donde quieres, llevas tus pies descalzos,
y canturreas por lo bajo antiguos aires desconocidos;
y cuando cae la tarde con su manto escarlata,
reclinas dulcemente tu cuerpo en una estera,
donde tus sueños flotantes están llenos de colibríes,
y siempre, como tu, graciosos y floridos.
¿Por qué, niña feliz, quieres ver nuestra Francia,
este país demasiado poblado que siega el sufrimiento,
y, confiando tu vida a los brazos fuertes de los marinos,
decir un último adiós a tus queridos tamarindos?
Tú, vestida a medias con finas muselinas,
temblando aquí bajo la nieve y los granizos,
¡cómo llorarías tus ocios dulces y totales,
si, con el corsé brutal oprimiendo tus senos,
tuvieras que buscarte la vida en nuestros fangos
y vender el perfume de tus raros encantos,
pensativa, y siguiendo en nuestras sucias brumas,
los dispersos fantasmas de los cocoteros ausentes!

V
El advertidor

Todo hombre digno de este nombre
tiene en su corazón una Serpiente amarilla,
instalada como en un trono,
que si él dice: «¡Quiero!», responde: «¡No!»
Si hundes tus ojos en los ojos fijos
de las Sátiras o de las Nixas,
el Diente dice: «¡Piensa en tu deber!»

Si engendras hijos, plantas árboles,
corriges versos, esculpes mármoles,
el Diente dice: «¿Esta noche vivirás?»

Cualquier cosa que planee o que espere,
el hombre no vive un instante
sin conocer la advertencia
de la Víbora insoportable.

VI

Himno

A la muy querida, a la muy bella
que llena mi corazón de luz,
al ángel, ídolo inmortal,
¡salud en la inmortalidad!

Ella se expande por mi vida
como un aire impregnado de sal,
y en mi alma que nada sacia
vierte el sabor de lo eterno.

Saquito siempre fresco que perfuma
el ambiente de un cuarto querido,
incensario olvidado que humea
en secreto a través de la noche,

¿cómo, amor incorruptible,
expresarte con verdad?,
¡grano de almizcle que yaces, invisible,
en el fondo de mi eternidad!

A la muy buena, a la muy bella,
que constituye mi gozo y mi salud,
al ángel, al ídolo inmortal,
¡salud en la inmortalidad!

VII

La voz

Se adosaba mi cuna contra la biblioteca,
Babel sombría, donde novela, ciencia, fábula,
todo, la ceniza latina y el polvo griego,
se mezclaban. Yo era alto como un infolio.
Dos voces me hablaban. Una, insidiosa y firme,
decía: «La Tierra es un pastel lleno de dulzura;
yo puedo (¡y tu placer no tendrá entonces fin!)
despertarte un apetito de igual espesor.»
Y la otra: «¡Ven!, ¡oh, ven viajero en los sueños,
más allá de lo posible, más allá de lo conocido!»
Y lo mismo que el viento de las playas cantaba,
fantasma plañidero, venido no se sabe de dónde,
que acaricia el oído y sin embargo lo aterra.
Yo te respondí: «¡Sí, dulce voz!» Y desde ese momento
data lo que se puede, ¡ay!, llamar mi llaga
y mi fatalidad. Detrás de los decorados
de la inmensa existencia, en el más negro abismo,
veo distintamente mundos extraños,
y, víctima de mi clarividencia extática,
arrastro conmigo serpientes que muerden mis zapatos.
Desde desde aquel momento, igual que los profetas,
amo tan tiernamente el desierto y el mar;
desde entonces me río en los duelos y en los festejos lloro,
y encuentro un gusto suave al vino más amargo;
tomo con frecuencia los hechos por mentiras,
y, con los ojos en el cielo, me caigo en los agujeros.
Pero la voz me consuela diciendo: «Guarda tus sueños;
¡los cuerdos no los tienen tan bellos como los locos!»

VIII

El rebelde

Un Ángel furioso se lanza desde el cielo como un águila,
agarra bien fuerte los cabellos del descreído,
y dice, sacudiéndole: «¡Conocerás la regla!
(pues yo soy tu Ángel bueno, ¿entiendes?) ¡Y lo quiero!

«Sabe que es necesario amar, sin hacer ascos,
al pobre, al malo, al contrahecho, al necio,
para que puedas hacer a Jesús, cuando pase,
una alfombra triunfal con tu caridad.

¡Así es el Amor! Antes de que tu corazón se agote,
reaviva tu éxtasis en la gloria de Dios;
éste es el Goce verdadero de encantos duraderos!»

Y el Ángel, en tanto que castiga, ¡a fe mía! que ama,
con sus puños de gigante atormenta al anatema;
pero el condenado siempre responde: «¡No quiero!»

IX
El surtidor

¡Tus bellos ojos están cansados, pobre amante!
Quédate mucho tiempo, sin volverlos a abrir,
en esta postura descuidada
en que el placer te ha sorprendido.
En el patio el surtidor que murmura
y no se calla ni de noche ni de día,
alimenta dulcemente el éxtasis
en que esta noche me ha sumido el amor.

El ramo abierto
en mil flores
donde Febea* alegre
pone sus colores,
cae como una lluvia
de largo llanto.

Así tu alma que incendia
la ardiente chispa de los deleites
se lanza, rápida y osada,
hacia los vastos cielos encantados.
Luego, se esparce, moribunda,
en una ola de triste languidez,
que por una invisible pendiente
baja hasta el fondo de mi corazón.

El ramo abierto
en mil flores

* Nombre de Diana, diosa lunar.

donde Febea alegre
pone sus colores,
cae como una lluvia
de largo llanto.

Oh tú, a quien la noche hace tan bella,
¡qué dulce me resulta, echado cerca de tus pechos,
oír la eterna queja
que solloza en los estanques!
Luna, agua sonora, noche bendita,
árboles que os estremecéis alrededor,
vuestra pura melancolía
es el espejo de mi amor.

El ramo abierto
en mil flores
donde Febea alegre
pone sus colores,
cae como una lluvia
de largo llanto.

X

Los ojos de Berta

¡Podéis despreciar los más célebres ojos,
bellos ojos de mi niña, por los que se filtra y derrama
un no sé qué de bueno, de dulce como la Noche!
¡Bellos ojos, verted sobre mí esos encantos tenebrosos!

¡Grandes ojos de mi niña, arcanos adorados,
os asemejáis mucho a esas mágicas grutas
en las que tras el montón de sombras letárgicas,
deslumbran vagamente tesoros ignorados!

Mi niña tiene los ojos oscuros, profundos y vastos,
¡como tú, Noche inmensa, iluminados como tú!
Sus fuegos son esos pensamientos de Amor, mezclados de Fe,
que brillan en el fondo, voluptuosos o castos.

POEMAS DIVERSOS

I

Muy lejos de aquí

Esta es la choza sagrada
donde esta muchacha muy engalanada,
tranquila y siempre preparada,

abanicándose los pechos con una mano,
y con el codo en los cojines,
oye llorar a los estanques:

es la alcoba de Dorotea.
—La brisa y el agua cantan a lo lejos
su canto entrecortado de sollozos
para acunar a esta niña mimada.

De arriba a abajo, con gran cuidado,
se frota su piel delicada
con aceite perfumado y con benjuí.
—Unas flores desfallecen en un rincón.

II
Las lamentaciones de un Ícaro

Los amantes de las prostitutas
están felices, dispuestos y saciados;
en cuanto a mí, mis brazos están rotos
por haber abrazado las nubes.

Gracias a los astros sin igual
que brillan en el fondo del cielo,
mis ojos consumidos ven
tan sólo recuerdos de soles.

En vano he querido del espacio
hallar el fin y el centro;
bajo no sé qué ojo de fuego
siento que mis alas se rompen;

y ardiendo por el amor de lo bello,
no tendré el honor sublime
de dar mi nombre al abismo
que me servirá de tumba.

III
El abismo

Tenía Pascal su abismo, conviviendo con él,
—¡Ay, todo es abismo! —acción, deseo, sueño,
palabra!, y en mi pelo que se endereza
del Miedo muchas veces siento que el viento pasa.

Arriba, abajo, por todas partes, lo profundo, el arenal,
el silencio, el espacio horroroso y cautivante…
En el fondo de mis noches Dios con su sabio dedo
dibuja una pesadilla multiforme y sin tregua.

Tengo miedo al sueño lo mismo que a un gran agujero,
lleno de vago horror, que no sé a dónde lleva;
no veo más que infinito por todas las ventanas,

y mi espíritu, siempre asediado por el vértigo,
envidia la insensibilidad de la nada.
—¡Ah!, ¡No salir nunca de Números y de Seres!

IV
La tapadera

Dondequiera que vaya, por mar o por tierra,
bajo un clima de fuego o bajo un blanco sol,
servidor de Jesús, galanteador de Citerea,*
mendigo tenebroso o Creso** rutilante,

ciudadano, aldeano, vagabundo, sedentario,
ya sea activo o sea lento su pobre cerebro,
por doquier sufre el hombre el terror del misterio,
y no mira hacia arriba sino con mirada temerosa.

¡En lo alto, el Cielo!, ese muro de panteón que le asfixia,
techo iluminado para una ópera bufa
donde cada cómico pisa un suelo sangriento;

terror del libertino, esperanza del loco eremita;
¡el Cielo!, negra tapadera de la gran marmita
donde hierve la imperceptible y vasta Humanidad.

---

* Uno de los nombres que se atribuyeron a Venus.
** Último rey de Lidia, célebre por sus inmensas riquezas.

V
El imprevisto

Harpagón,* que velaba a su padre moribundo,
se dijo, pensativo, ante esos labios ya blancos:
«¿Tenemos en el granero cantidad suficiente
de tablas viejas?, eso espero».

Celimena** hace mimos y dice: «Mi corazón es bueno,
y por supuesto, Dios me ha hecho muy bella».
—¡Su corazón!, ¡corazón endurecido, ahumado como
[un jamón,
recocido en las llamas eternas!

Un periodista célebre, que se cree una antorcha,
dice al pobre, al que ha hundido en las tinieblas:
«¿Dónde percibes tú al creador de lo Bello,
al Redentor que tú celebras?

A quien conozco mejor de todos es a cierto libertino
que bosteza día y noche, y se lamenta y llora,
repitiendo, impotente y fatuo: «Sí, quiero
ser virtuoso dentro de una hora!»

El reloj, a su vez, dice en voz baja: «¡Está maduro,
el condenado! En vano yo advertí a la carne infecta.
¡El hombre es ciego, sordo, frágil, como un muro que
habita y roe un insecto!»

* Personaje de la obra *El Avaro*, de Molière, encarnación de la avaricia.
** Personajes de Las mujeres sabias de Molière.

Y entonces viene Uno, al que todos habían negado,
y que les dice, burlón y fiero: «En mi ciborio,
según creo, ¿no habéis comulgado bastantes veces
en la alegre Misa negra?

Cada uno de vosotros me ha levantado un templo en
[su corazón;
¡en secreto habéis besado mis inmundas nalgas!
¡Reconoced a Satán en su risa triunfante,
enorme y feo como el mundo!

¿Pues habéis podido llegar a creer, sorprendidos hipócritas,
que uno se burla del maestro, que se le hacen trampas,
y que es natural recibir dos premios,
ir al cielo y ser rico?

Es preciso que se cobre la pieza el viejo cazador
que acechando a la presa largo tiempo, se aburre.
Voy a conduciros a través de la espesura,
compañeros de mi triste alegría,

a través de la espesura de la tierra y la roca,
a través del confuso montón de vuestra ceniza,
hasta un palacio tan grande como yo, de un solo bloque,
y que no es de piedra blanda;

pues está hecho con el Pecado universal,
¡y contiene mi orgullo, mi dolor y mi gloria!»
—Mientras tanto, encaramado en lo más alto del universo,
un ángel proclama la victoria

de aquéllos cuyo corazón dice: «¡Bendito sea tu látigo,
Señor!, ¡bendito sea el dolor, oh Padre!
En tus manos mi alma no es un vano juguete,
y tu prudencia es infinita».

El son de la trompeta es tan delicioso,
en estas tardes solemnes de celestes vendimias,
que se infiltra como un éxtasis en todos aquéllos
cuyas loores canta.

VI
Recogimiento

Sé sabio, oh Dolor mío, quédate ya tranquilo.
Reclamabas la Noche, y desciende; hela aquí:
una atmósfera oscura envuelve a la ciudad,
llevando a unos la paz, a otros la inquietud.

Mientras de los mortales la multitud vil,
bajo el látigo del Placer, cruel verdugo,
va a cosechar remordimientos en la fiesta servil,
tú, Dolor mío, dame la mano, ven acá,

lejos de ellos. Mira cómo se asoman los Años difuntos
a los balcones del cielo, con trajes anticuados;
cómo surge del fondo de las aguas la Pena sonriendo;

cómo el Sol moribundo se duerme bajo un arco,
igual que un gran sudario colgado en el Oriente,
oye, querida, como la dulce Noche pasa.

VII

La luna ofendida

Oh, Luna a quien adoraban discretamente nuestros padres,
desde lo alto del país azul donde, radiante harén,
los astros van siguiéndote con elegante atuendo,
mi vieja Cintia,* lámpara de nuestras guaridas,

¿ves a los amantes en sus prósperos lechos
dormir mostrando el fresco esmalte de sus bocas?
¿Al poeta dirigir la frente a su trabajo?
¿O bajo la hierba seca acoplarse las víboras?

Con tu amarillo disfraz de dominó y con andar furtivo,
¿vas, como antaño, del ocaso a la aurora,
a besar a Endimión** las gracias anticuadas?

«—Veo a tu madre, hijo de este siglo arruinado,
poniendo ante el espejo su gran montón de años
y empolvándose con arte el pecho que te ha alimentado!»

* Sobrenombre de la diosa Diana, tomado del monte Cintio, situado en medio de la isla de Delos, donde había nacido esta divinidad.

** Pastor legendario amado por la Luna. Éste pidió a Júpiter el poder dormir siempre, sin estar sujeto a las incomodidades de la vejez, ni a la muerte.

VIII

La oración de un pagano

¡Ah!, no aminores tus llamas;
reanima mi corazón entumecido
¡voluptuosidad, tortura de las almas!
Diva! supplicem exaudi!

¡Diosa propagada por el aire,
llama de nuestro subterráneo!
Escucha a un alma aterida de frío,
que te ofrece un canto de bronce.

¡Voluptuosidad, sé siempre mi reina!
Toma la máscara de una sirena
hecha de carne y terciopelo,

o vierte tu sueño profundo
en el vino informe y místico,
¡voluptuosidad, elástico fantasma!

Índice

Estudio preliminar

Las flores del mal